M. B. Moster · Warum, Gott, warum?

M. B. Moster

Warum, Gott, warum?

BUNDES-VERLAG WITTEN

ABCteam

Bücher, die dieses Zeichen tragen, wollen die Botschaft von Jesus Christus in unserer Zeit bezeugen.

Das ABCteam-Programm umfaßt:
— ABCteam-Taschenbücher
— ABCteam-Paperbacks mit den Sonderreihen Glauben und Denken (G + D) und Werkbücher (W)
— ABCteam-Jugendbücher (J)
— ABCteam-Geschenkbände

ABCteam-Bücher erscheinen in folgenden Verlagen:
Aussaat- und Schriftenmissions-Verlag, Wuppertal und Gladbeck
R. Brockhaus Verlag Wuppertal
Brunnen Verlag Gießen / Bundes-Verlag Witten
Christliches Verlagshaus Stuttgart / Oncken Verlag Wuppertal

ABCteam-Bücher kann jede Buchhandlung besorgen.

Titel der englischen Originalausgabe:
Living with cancer

Deutsch von Ulrike Wettach

Erste Auflage 1981

Druck: Bundes-Verlag, Witten
Umschlaggestaltung: Fritz Jahrmarkt, Witten-Herbede

ISBN 3-8137-2237-6

Inhalt

Einführung

Das bloße Wort *Krebs* läßt uns aufschrecken. Vergessen sind die Fortschritte, die in den vergangenen Jahren in der Bekämpfung und Heilung von Krebs gemacht wurden. Vergessen ist die Tatsache, daß es auch andere Todesursachen gibt, und daß mindestens die Hälfte der Krebskranken einen schmerzlosen Tod stirbt. Kaum erinnert man sich der Entkräftung, der Beschwerden, der Schmerzen und der Hoffnungslosigkeit vieler anderer Krankheiten, die uns bedrohen: Minderdurchblutung der Herzkranzgefäße und den als Angina pectoris bekannten Schmerz, der diese Krankheit begleitet, zu hoher Blutdruck und die Aussicht auf einen schwächenden Schlaganfall, Lungenemphysem (Lungenüberblähung) und die Jahre der Atembeschwerden — man könnte die Reihe fast endlos fortsetzen. Allzuleicht werden auch solche Leiden vergessen, die zwar nicht lebensgefährlich, aber doch lähmend und außergewöhnlich schmerzvoll sind und einen daran hindern, aktiv am normalen menschlichen Leben teilzunehmen.

Die Erwähnung des Wortes *Krebs* beschwört in der Vorstellung der meisten Menschen eine erbarmungslose, unheilbare, entstellende und schmerzhafte Bedrohung der normalen Lebensführung und Lebenserwartung herauf. Diese Reaktion mag gegen alle Vernunft sein und die oben genannten Vorstellungen sind zum Teil falsch. Die daraus entstehende innere Einstellung ist jedoch wirklichkeitsnah.

Es ist schlimm genug, wenn jemand, von dem man annimmt, daß sein Leben ohnehin bald ein Ende hat, an Krebs erkrankt. Wird jedoch bei einem jüngeren Menschen Krebs festgestellt, betrachtet man dieses Ereignis nicht nur als Unglück, sondern als einen höchst ungerechten Schicksalsschlag. Bekommt gar ein Kind Krebs, geht diese Reaktion weit über Familie und

Freundeskreis hinaus. Ein solches Ereignis ist eine Beleidigung unserer geordneten und genau festgelegten Vorstellung vom Leben und erzeugt eine Feindseligkeit, die sich enttäuscht gegen Personen, Einrichtungen und Systeme richtet, die in keiner Weise für das tragische Geschehen verantwortlich sind.

Gut geplante und großartig durchgeführte Aufklärungsfeldzüge haben schon viele falsche Vorstellungen hinsichtlich des Krebs ausmerzen können. Der einzelne Krebskranke vergißt jedoch, zumindest am Beginn seiner Krankheit, solche Informationen und durchlebt in der Regel den gesamten Entwicklungsprozeß von Ablehnung, wiederstrebendem Glauben, Enttäuschung und Feindseligkeit. Dieser Prozeß kommt manchmal nie zu einem positiven Ergebnis, zu dem eine Annahme der Krankheit gehört.

Deshalb gilt es, den Menschen auf eine mögliche Begegnung mit Krebs vorzubereiten, sei es, daß er selbst, ein Familienangehöriger oder Freund von dieser Krankheit befallen werde. Das vorliegende Buch erfüllt diesen Anspruch. Die Verfasserin bemüht sich um eine allgemein verständliche wissenschaftliche Beschreibung des Krankheitsbildes Krebs. Sie setzt sich mit den psychologischen Gegebenheiten unserer Selbstachtung auseinander, die bei der Diagnose Krebs eine starke Einbuße erleidet und stellt uns leicht verständliche Krankengeschichten vor, die ihre Aussagen gut untermauern.

Keine Abhandlung über Krebs, aus welcher Sicht sie auch immer geschrieben sein mag, kann die unvermeidliche Auseinandersetzung mit dem Tod und dem Sterbeprozeß umgehen. Heute wird in Krankenhäusern und Pflegeheimen viel offener über diese beiden Themen geredet, als noch vor ein paar Jahren. In Amerika gibt es in einigen Krankenhäusern und Pflegeheimen Mitglieder des Pflegepersonals und/oder Sozialarbeiter, deren besondere Aufgabe es ist, den Todkranken und Sterbenden beizustehen. In einigen Einrichtungen ist es schon fast zur Regel geworden, daß wirklich jeder, der im Sterben liegt, und besonders jeder, der an Krebs stirbt, von seinem Zustand unterrichtet wird — wahrscheinlich, damit er dem Tod einigermaßen gefaßt ins Auge sehen kann.

Nur der Christ hat jedoch diese einzigartige, unangreifbare Zuversicht, die dem Sterbenden einen Frieden verleihen kann, der jedes Verstehen übersteigt. Dieses Buch verkündet die christliche Hoffnung, ihre Grundlage im Glauben an das, was Jesus um unseretwillen vollbracht hat und zeigt die Schritte, die der neu im Glauben stehende tun muß, um diese Gewißheit zu erlangen.

Nach fast vier Jahren medizinischer Praxis bin ich mit jedem Jahr mehr beeindruckt von der Rolle, die die Schuld im Denken der Patienten und ihrer Familien spielt. Es gibt viele Menschen, die zwar glauben, daß es einen Gott gibt, die ihn jedoch nie so kennenlernten, daß sie die Gewißheit des ewigen Lebens haben. (*„Das ist aber das ewige Leben, daß sie dich erkennen, der du allein wahrer Gott bist, und Jesus Christus als den, den du gesandt hast“* [Johannes 17, 3].)

Diese Menschen glauben häufig, daß Leid, besonders Krankheit, die Geburt eines behinderten Kindes oder Krankheit eines Kindes der Ausdruck von Gottes Unwillen und ein Zeichen seiner Strafe sei. Ich durfte bei vielen Gelegenheiten Familien beruhigen, die in der Krankheit eines Kindes eine Strafe Gottes für seine Eltern sahen. Ich versicherte ihnen, daß ein solches Handeln boshaft wäre und daß nichts Böses aus der Hand Gottes kommt. Unser Gott ist ein gerechter, ein unfehlbarer Gott. Kein Geschehen überrascht ihn, er ist niemandem Rechenschaft schuldig, und doch handelt er niemals aus einer bloßen Laune heraus.

Bei der Behandlung von krebskranken Kindern — und das sind so viele, daß ich nur ungern daran denke — stoße ich auf drei weitere Dinge, die ich von Zeit zu Zeit mit meinen Patienten bespreche: Quacksalberei, Gebet und Wunder.

Hoffnung ist wahrscheinlich das Wichtigste, was der Familie eines Krebskranken vermittelt werden kann — von dem Patienten selbst ganz zu schweigen. Es gibt Scharlatane, die solche Hoffnung „verkaufen“, und das in der Regel zu einem maßlosen Preis.

Das ist eine schreckliche Hoffnung, weil sie im Laufe der Zeit doch zerbrechen muß. Mehr noch: eine solche Hoffnung verhindert oft, daß sich der Patient an die einzig realistische medizinische Hoffnung hält, nämlich die angemessene Behandlung seiner Krankheit.

Ich bespreche diese Dinge ganz offen mit meinen Patienten, bevor sie in ihrer Verzweiflung selbst darauf kommen. Das vorliegende Buch erörtert dieses Thema in seinem Bezug zu dem gesamten Krebsproblem.

Es gibt wahrscheinlich keine „religiöse“ Familie eines krebskranken Kindes, die nicht irgendwann einmal sagt: „Alles was wir tun können ist hoffen und beten.“

Bei solchen Gelegenheiten frage ich dann: „Zu wem wollen sie beten und um was?“

Es liegt auf der Hand, daß jeder Krebskranke geheilt werden möchte und jede Familie eines Krebspatienten den Wunsch hegt, daß der Krebs ihres Familienmitglieds besiegt wird. Es liegt jedoch nicht unbedingt in Gottes Plan, jede Krankheit zu heilen.

Patienten und ihre Familien sollten in ihre Gebete die Bitte einschließen, daß der Herr sie verstehen lassen möge, welches Ziel er durch diese Krankheit erreichen will, falls es nicht sein Wille ist, den Krebs zu heilen.

Sie sollten darum beten, daß sie sich angesichts der Lage, in der sie sich befinden, mutig und getrost verhalten können. Die Art und Weise, in der sie eine unvermeidlich schlimme Prognose auf- und annehmen, kann zum christlichen Zeugnis werden und zu einer Quelle der Ermutigung und Kraft für alle, die das Schicksal des Krebskranken verfolgen.

Es gab eine Zeit, in der es hauptsächlich Mitglieder der römisch-katholischen Kirche waren, die Wunderheilungen begehrten. Heute glauben jedoch immer mehr Protestanten, daß Bittgebete in Verbindung mit einem ausreichend starken Glauben Gott dazu bewegen können, das Wunder der Heilung zu vollbringen. Ich glaube an Wunder, und ich erkenne an, daß jede Heilung von Gott kommt. Doch aus medizinischer und wissenschaftlicher Sicht muß ich sagen, daß ich in Verbindung mit Krebs noch kein Wunder gesehen habe, das nicht aufgrund von Gottes eigenem Naturgesetz erklärbar erschien.

Viele der sogenannten „Glaubensheiler“ versichern dem Kranken immer wieder, daß die Wirksamkeit des Wunders — in diesem Fall die Heilung — von der Stärke seines Glaubens abhinge. Wenn nun aber die Heilung des Krebskranken nicht in Gottes unfehlbarem Plan vorgesehen ist, erlebt der Kranke die große Enttäuschung, daß kein Wunder seinen sicheren Tod aufhält. Zudem stirbt er häufig in der Gewißheit, er sei ein Christ zweiter Klasse, da er nicht genug Glauben hatte, um seine

Heilung zu bewirken. Diese Einstellung ist in keiner Weise mit dem Wort Gottes zu vereinbaren.

Frau Mosters Buch erörtert die vielen Probleme, die einem krebskranken Menschen begegnen. Sie konzentriert sich dabei natürlich in erster Linie auf dieses eine Krankheitsbild. Jeder, der diese Abhandlung liest, wird jedoch erkennen, daß diese Aussagen nicht nur im Blick auf Krebs gelten. Es wird aufgezeigt, wie der Christ mit jeglichem Leid zu leben vermag, mit jeder Not und mit jeder Änderung seines „normalen" Lebensablaufs, die in Gottes Führung beschlossen liegt.

Dr. med., Dr. rer. nat. C. Everett Koop

Vorwort

Viele Menschen haben an diesem Buch mitgewirkt, indem sie großzügig ihre Zeit und Kenntnisse zur Verfügung stellten. Leider ist es unmöglich, jedem namentlich zu danken. Allen Krebspatienten, Familien, Ärzten, Krankenschwestern und Beratern, die dieses Buch möglich machten, sage ich an dieser Stelle meinen aufrichtigen Dank.

Den Pastoren Wendell T. Heller und Donald J. Kouwe verdanke ich gern angenommene Hilfe und Beratung. Pastor Charles E. Perry jun. hat viele Stunden geopfert, um das Manuskript zu lesen und zu prüfen, und ich danke ihm für seine wichtigen Beiträge.

Dr. med. Peter Scott, Röntgenologe am St. Vincent Krankenhaus in Indianapolis, nahm sich Zeit, das Manuskript vom medizinischen Standpunkt aus zu prüfen. Dr. med. Arthur Provisor, Professor für Kinderheilkunde in der Abteilung Hämatologie-Onkologie* am James Whitcomb Riley Kinderkrankenhaus in Indianapolis, war mir eine große Hilfe, ebenso die Krankenschwester Pam Flummerfelt. Sie berieten mich bei den besonderen Fragen von krebskranken Kindern.

Mein Dank gilt auch Dr. med. Rene Mastrovito, der dem Memorial Sloan-Kettering Krebszentrum in New York angehört. Er gestattete mir, Zitate aus Krankenberichten zu entnehmen.

Von großem Nutzen war mir auch das Informationsmaterial der amerikanischen Krebsgesellschaft, des öffentlichen Gesundheitsdienstes, der staatlichen Gesundheitsämter und des amerikanischen Ministeriums für Gesundheit, Erziehung und Wohlfahrt.

---

*Hämatologie = Lehre vom Blut und von den Blutkrankheiten
Onkologie = Lehre von den Geschwülsten

Susie Logston und Beverly Moore prüften das Manuskript, Sally Tanselle danke ich für ihre Ratschläge für die druckreife Überarbeitung des Buches. Der deutsche Text wurde von Dr. med. Sibylle Gursky, Dortmund, aus medizinischer Sicht durchgesehen.

Einige hervorragende geistliche Lehrer haben mittelbar an diesem Buch mitgewirkt, indem sie geduldig, liebevoll und beharrlich das Wort Gottes auslegten. Insbesonders danke ich Dick und Bev Anthony, Ralph und Ann Walls, Chris Harold, Cindy Zeigler, Jim Gamble und Ed Runyan. Ich danke auch meinen Eltern Herrn und Frau Mattox und Herrn und Frau Copple für ihre Liebe und Anteilnahme.

Mein besonderer Dank gilt jedoch Nell Collins, die mir so vieles anvertraute, was sie durch den Umgang mit Krebskranken gelernt hat. Ohne sie hätte dieses Buch nicht geschrieben werden können.

Mary Beth Moster

Einleitung

Es war eine wunderschöne Hochzeit. Der Schein der Kerzen ließ die mit Freunden und Verwandten besetzten Kirchenbänke in einem warmen Glanz erstrahlen. Beim Klang des Hochzeitsmarsches richteten sich aller Augen auf Jan. Ihre dunklen Augen leuchteten vor Glück und Gregs Herz schlug schneller, als sie näherkam. Er sah das elfenbeinfarbene Satinkleid, an dem sie stundenlang genäht und das sie liebevoll mit Spitzenborten verziert hatte. Sie trug einen Strauß von Rosen und Margeriten.

Keiner der Gäste ahnte, daß Jans Leben wie die Frühlingsblumen in ihrer Hand sein würde — lieblich, voll von Leben, aber viel zu schnell verwelkt.

Greg ist der Bruder meines Mannes. Unsere ganze Familie liebte Jan seit dem ersten Mal, als er sie mit nach Hause brachte, damit wir sie kennenlernten. Wir waren glücklich, als wir sahen, wie die Liebe der beiden sich immer mehr vertiefte. In froher Erwartung planten sie ihre Hochzeitsfeier. Sie träumten von einem Haus und Kindern und einem Zusammensein bis ins hohe Alter.

Kaum zwei Jahre nach der Hochzeit wurde Jan krank. Übelkeit, Doppelbilder, Taubheit in einem Arm. War es Grippe? Ihre Kopfschmerzen waren unerträglich. War es ein Nervenleiden? Ärzte wurden zu Rate gezogen, doch sie hatten Mühe, das Krankheitsbild zu diagnostizieren. Bald war es offensichtlich, daß eine ernsthafte Krankheit vorlag. Am Ende die Operation. Dann der Befund.

Diagnose: bösartiger Gehirntumor

Dieses reizende Mädchen war noch keine fünfundzwanzig Jahre alt. All ihre Hoffnungen für ihre Zukunft als Frau brachen zusammen. Ihr Traum, Mutter eines ganzen Hauses voller

Kinder zu sein, waren vorbei. In dem Maße, wie ihre Gesundheit immer mehr nachließ, nahm auch ihre körperliche Schönheit ab. Jede irdische Hoffnung, die sie je gehegt hatte, war von ihr genommen.

Wir anderen waren in diesen langen quälenden Monaten Zeugen der grausamen Wirklichkeit menschlichen Leids. Wir sahen die Angst und Verzweiflung ihrer Eltern und wie sehr Greg mit seiner Frau litt. Wir grämten uns mit Jan, als die Zeit verstrich und die Hoffnung auf Genesung immer mehr dahinschwand.

Unsere große Hilflosigkeit machte uns am meisten zu schaffen. Solange die Hoffnung auf eine Operation, eine bestimmte Therapie oder auf Medikamente gesetzt werden konnte, war das Gefühl des Unvermögens nicht ganz so stark. Doch als wir merkten, daß wir uns auf die medizinische Behandlung immer weniger verlassen konnten, hatten wir alle das Gefühl, in einem Meer der Verzweiflung zu ertrinken. Ich merkte, daß dieses Gefühl der Hilflosigkeit zum Schrecken des Endstadiums von Krebs gehört.

Wir stellten Fragen.

Warum, Gott, warum?

Wie konntest du einem so reizenden Mädchen, dessen Leben soeben erst begonnen hat, etwas so Schreckliches antun?

Ich wollte so gern dieses Gefühl der Hoffnungslosigkeit bekämpfen, aber ich merkte, daß ich dazu nicht in der Lage war. Ich wurde von dem Wunsch verzehrt, Jan von dem Vertrauen zu erzählen, das wir in den Gott des Universums setzen können, der beides ist: unumschränkter Herrscher, der alle Dinge in seiner Hand hält und der Eine, der uns mit immerwährender Liebe liebt. Doch ich begann damals selbst erst, diese Dinge zu verstehen und so fühlte ich mich auch dazu nicht fähig.

Im Verlauf von Jans Krankheit begegnete ich einer außergewöhnlichen Frau namens *Nell Collins,* die gleichzeitig Krankenschwester und Krebspatientin ist. Nell war eine Oberschwester im Städtischen Krankenhaus in Indianapolis. Zu der Zeit, als ich ihr begegnete, gab sie gerade diese Arbeit auf, um vollzeitliche Missionarin für Krebskranke zu werden. Ihr Arbeitsfeld war hauptsächlich der Staat Indiana, aber sie suchte auch Kranke in anderen Staaten auf.

Ich hörte Nell über ihren Seelsorgedienst sprechen. Sie redete davon, wie Gott ihr Leben geführt hatte, so daß sie Krebspatienten helfen und sie trösten konnte.

Nell und ich fuhren nach Dayton, Ohio, um mit Jan zu sprechen. Obwohl wir nur kurze Zeit bei ihr waren, konnte Jan einige ihrer Zweifel, Ängste und Enttäuschungen bei Nell abladen. Nell sprach mit ihr über unseren Gott, der alles in seiner Hand hält, und der uns in seinen „ewigen Armen" Zuflucht schenkt (5. Mose 33, 27).

Ich begann, mich mit Nells Arbeit zu beschäftigen. Mit der Zeit merkte ich immer mehr, welchen Einfluß der Krebs auf das Leben der Menschen hat. Als Journalistin begann ich zu begreifen, daß Krebs jeden Menschen irgendwie zu betreffen schien, sei es, daß man selbst oder ein geliebter Mensch an Krebs erkrankt war. Ich schrieb daraufhin etliche Artikel über Nell, ihre Arbeit und die besonderen Nöte von Krebspatienten.

Krebs wird oft als die „am meisten gefürchtetste Krankheit" bezeichnet, und ich bin überzeugt, daß diese Kennzeichnung der Wahrheit entspricht. Uns allen graut es vor dem Krebs.

Jan war das Opfer einer der meistgefürchtetsten und verheerendsten Krebsarten. Ihr Neurochirurg teilte uns mit, daß der bösartige Tumor, den sie hatte, sich ungeheuer schnell vergrößerte und nicht von der Art war, die normalerweise gut auf eine Behandlung ansprechen. Sie lebte noch ungefähr eineinhalb Jahre nach der Diagnose.

Heute gibt es, wie nie zuvor, für viele Krebsarten Hoffnung auf Heilung. Was Jan durchmachte, war ein Beispiel dessen, wovor wir uns alle fürchten. Millionen von Menschen, die an Krebs erkranken, leben jedoch nach einer angemessenen Behandlung noch viele Jahre, in denen sie ein normales und aktives Leben führen können. Eine große Anzahl wird schließlich als „geheilt" aus der ärztlichen Behandlung entlassen.

Nichtsdestoweniger wirkt der Krebs verheerend auf das Leben seiner Opfer, deren Familienangehörigen und Freunde. Wie kann ein Mensch mit dieser Krankheit leben?

Das ist keine einfache Frage, und ich will keinen Augenblick lang vortäuschen, ich hätte auf alles eine Antwort bereit. Doch Gott hat uns einige Antworten darauf gegeben, und die finden wir in der Bibel.

Meine Großmutter starb an Brustkrebs, bevor ich auf die

Welt kam. Mein Vater erzählte mir oft, wie sie ihren Herrn und ihre Bibel liebte und wieviel Trost sie aus deren abgegriffenen Seiten schöpfte. Ich glaube, daß der Trost der Bibel für Nellie Mattox eine Realität war und daß auch unsere Generation dort Trost finden kann.

Nell Collins hat mir einen Einblick in die Bedürfnisse, Hoffnungen und Ängste von Krebskranken gegeben. Ich bin weder Arzt, noch Theologe, noch Krebskranke. Doch Gott hat mir die schrecklichen Sorgen, die große Angst und das Herzeleid vor Augen geführt, die ein besonderes Kennzeichen dieser Krankheit sind.

Jedes Mal, wenn ich die Statistiken über die Millionen Krebskranken in unserem Land lese, weiß ich, daß jede Ziffer eine Familie darstellt, die in der eisigen Umklammerung der Angst gefangen ist. In unserem Land sterben täglich tausend Menschen an Krebs. Viele von ihnen haben niemals die wahre Bedeutung der Hoffnung kennengelernt.

Ich erkannte mit der Zeit die Notwendigkeit eines Buches für Krebspatienten, ihre Familien, Freunde und andere, die sich um die Menschen sorgen, die von dieser Krankheit erfaßt werden.

Die Aufgabe des vorliegenden Buches ist es, in verständlicher Sprache einige medizinische Gesichtspunkte dieser Krankheit darzustellen, Beispiele für häufig auftretende praktische Probleme aufzuzeigen und sich mit den seelischen Reaktionen der betroffenen Menschen auseinanderzusetzen. Nicht zuletzt wird auf die gewaltige Hoffnung und Ermutigung hingewiesen, die der Christ, der sich in einer solchen Lage befindet, für sich in Anspruch nehmen darf.

Krebs tritt in den vielfältigsten Erscheinungsformen auf. Die Gefährlichkeit dieser Krankheit wird durch ihre Art, die Stelle, an der sich der Krebs befindet und ihr Ausmaß bestimmt. Ich hoffe, daß dieses Buch für Krebskranke in jeglicher Lage eine Hilfe sein kann. Diejenigen, die an einer weniger gefährlichen Krebsart erkrankt sind, sollten sich nicht durch Hinweise auf ernstere Probleme entmutigen oder in Angst versetzen lassen. Jeder Fall ist einzigartig, und es wäre unklug, eine Situation mit der anderen zu vergleichen.

Ich habe zahlreiche Krebskranke und ihre Familien befragt. Diese Menschen waren von unterschiedlichen Krebsarten betroffen, und die Gespräche kamen daher zu einer Vielzahl von Ergebnissen. Das Problem eines jeden wird auf diesen Seiten zur Sprache kommen.

Ich habe dafür Sorge getragen, daß die Identität eines jeden Kranken geschützt wird. Es werden keine tatsächlichen Namen genannt werden, außer denen, die ich in dieser Einleitung vorgestellt habe und etlichen, die ich schon veröffentlichten Unterlagen entnommen habe. Einige Fallbeschreibungen sind frei erfunden, aber kennzeichnend für wirkliche Erfahrungen von Krebskranken. Jeder Name, der mit dem einer lebenden Person identisch ist, ist Zufall.

Ich bete darum, daß *„der Friede Gottes, der höher ist als alle Vernunft, wird eure Herzen und Gedanken bewahren in Christus Jesus“* (Philipper 4, 7).

1.

Eine Krankenschwester besonderer Art

„Krebs“, sagt Nell Collins, „betrifft jeden Menschen. Entweder man hat ihn, oder man hat Angst, ihn zu bekommen.“ Nell kennt sich mit Krebs aus.

Bis 1971 kannte sie diese Krankheit nur durch ihren Beruf. Sie arbeitete neun Jahre lang als Oberschwester auf einer Intensivstation eines riesigen Großstadtkrankenhauses. Sie erlebte, wie Krebs Körper, Geist und Seele eines Menschen zerstören konnte. In jener Zeit kümmerte sie sich nur um die körperlichen Probleme von Krebskranken und anderen Patienten, die rund um die Uhr betreut werden mußten.

Nell führte ein aufregendes und beneidenswertes Leben. Mit neunundzwanzig Jahren hatte sie einen Beruf, den sie liebte, und sie hatte sich hohe Ziele gesteckt.

Dann begann sich eines Tages ein Leberfleck auf ihrem Rücken zu verändern. Dieser Leberfleck verwandelte ihr Leben. Es war Krebs: malignes Melanom*.

„Wer das noch nicht erlebt hat, kann sich nicht das Entsetzen vorstellen, das einen Menschen befällt, wenn er erfährt, daß ein bösartiges Geschwür in seinem Körper wächst. Ich hatte das Gefühl, als sei ein Todesurteil über mich ausgesprochen worden.“

Im anfänglichen Stadium des Entsetzens schrie und weinte Nell. Sie schwankte zwischen Unglaube und Furcht.

Dann begann sie im Angesicht des Todes ihr Leben zum ersten Mal aus der Sicht Gottes zu betrachten. „Ich erkannte

---

*malignes Melanom = sehr bösartige Geschwulst pigmentproduzierender Zellen

plötzlich, daß die Diagnose Krebs nicht unbedingt den Tod bedeuten mußte. Aber mir wurde damals bewußt, daß jeder Mensch einmal sterben muß."

Wie eine Verkehrsampel

Nell vergleicht das Leben mit einer Verkehrsampel: „Die meisten Menschen leben einfach so dahin. Solange wir grünes Licht haben, verschwenden wir keinen Gedanken an den Tod, das rote Licht. Nach der Krebsdiagnose wird das grüne Licht gelb. Jetzt kommt es uns zum Bewußtsein, daß die Ampel eines Tages auf ‚rot' schaltet, sei es durch Krebs, einen Verkehrsunfall oder aus einem anderen Grunde.

Seit jenem schicksalhaften Tag vor einigen Jahren hat Nell den wahren Sinn ihres Lebens gefunden. Wegen ihrer Krebsgeschwulst mußte sie zwei Operationen über sich ergehen lassen. Außerdem wurden Dutzende von Leberflecken zu Untersuchungszwecken entfernt. Dennoch ist ihr Leben von einer Freude und einem Frieden durchdrungen, was sie zuvor nicht für möglich gehalten hätte.

Früher wollte Nell einmal Missionarin in Afrika werden. Sie besuchte eine Bibelschule, um sich auf diese Aufgabe vorzubereiten. Sie konnte damals nicht begreifen, weshalb sich alle Türen schlossen und sie nicht als Krankenschwester auf dem Missionsfeld arbeiten sollte.

Heute weiß sie es: „Gott hat andere Pläne für mich", sagt Nell lächelnd.

„Vor meiner Krankheit war ich schon mehrere Jahre lang Christ", berichtet sie. „Ich wußte, daß die Bibel einige besondere Aussagen in bezug auf Leben und Tod macht. Ich mußte damals wochenlang auf dem Bauch liegen, damit das Hauttransplantat auf meinem Rücken heilen konnte. Während dieser Zeit las ich Gottes Wort so gründlich wie nie zuvor.

Als ich immer deutlicher erkannte, wer Gott ist, wer der Mensch ist, was Sünde und was Gerechtigkeit ist, als ich begriff, daß Christus für meine Schuld bezahlt hat und wie ich durch den Glauben an Christus Gott persönlich kennenlernen kann — erst dann stellte ich ohne Furcht mein Leben Christus zur Verfügung.

Damals empfand ich plötzlich Frieden inmitten der inneren Unruhe, Freude angesichts der Sorge. Hoffnungslosigkeit verwandelte sich in Hoffnung und Furcht in Vertrauen."

Nell gab ihre geregelte Arbeit im Krankenhaus auf, um Missionarin für Krebskranke zu werden. Sie hat bereits über tausend Krebskranke besucht. Sie selbst weiß von keiner anderen Krankenschwester, die sich um die geistlichen Bedürfnisse von Krebskranken und ihren Familien kümmert.

Nell gewinnt das Vertrauen der Patienten

Nell kann eine gefühlsmäßige Beziehung zu Krebskranken aufbauen, weil sie selbst wegen dieser Krankheit operiert wurde und eine medikamentöse Behandlung durchgemacht hat.

„Oft kann ein Kranker nur deshalb zu mir Vertrauen fassen, weil er weiß, daß auch ich an Krebs operiert wurde."

Nell begriff, daß Krebskranke einen Freund brauchen, einen Menschen, der wirklich versteht, was sie durchmachen. „Wir sitzen im selben Boot. Deshalb fällt es ihnen leicht, mir ihre Nöte anzuvertrauen. Sie rudern auf ihrer Seite und ich auf meiner. Aber ich kann ihnen in dieser schweren Zeit beistehen, weil ich sie selbst durchlebt habe."

Nell ist überzeugt, daß die körperlichen Nöte der Patienten in den allermeisten Fällen erkannt und behandelt werden. Die Wissenschaft hat sich notwendigerweise in erster Linie mit den körperlichen Symptomen der Krankheit befaßt. Sie hat versucht, Heilungsmöglichkeiten zu entdecken und Schmerzen zu lindern. Die seelischen Reaktionen auf die körperliche Krankheit und ihre Behandlung werden noch nicht so gut verstanden. Aber man befaßt sich heute mehr damit als früher.

Die geistlichen Bedürfnisse des Patienten werden jedoch praktisch nicht beachtet. „Die moderne Welt", so Nell, „hat versucht, das geistliche Wesen des Menschen zu leugnen, vorzugeben, daß es nicht existiert. Diese krebskranken Menschen werden nun vor die Grundfragen über den Sinn des Lebens gestellt. Die meisten Leute wissen wenig von der Bibel. Sie sind in einer Gesellschaft aufgewachsen, die in Wissenschaft und Technologie die Antwort auf alle Lebensfragen sucht. Ihr geistliches Wesen wurde verleugnet."

Nell hat die Entdeckung gemacht, daß vielen äußerlichen Problemen der Krebskranken ein geistliches Bedürfnis zugrunde liegt. Sie wollen wissen, daß Gott lebt, daß er sich persönlich um sie kümmert und daß er eine Möglichkeit geschaffen hat, ihn kennenzulernen. Sie möchten Gott vertrauen können, daß er weiß, was das Beste für uns ist, und daß er nie die Kontrolle über unser Leben verliert — selbst wenn die Lage, in der wir uns befinden, uns selbst als ein großes Unglück erscheint.

Angst vor dem Unbekannten

Nell ist überzeugt, daß die Furcht vor dem Krebs und seinen Folgen mit dem geistlichen Zustand eines Menschen zusammenhängt. Diese Furcht muß erkannt werden.

Furcht ist eine normale menschliche Reaktion auf die Diagnose Krebs. Oft ist es die Angst vor dem Unbekannten. Ein Krebskranker könnte von folgenden Problemen gequält werden:

1. Er weiß nicht, welche Ursache seiner Krankheit zugrunde liegt.
2. Er weiß nicht, ob das kranke Gewebe durch die Operation ganz entfernt wurde.
3. Er weiß nicht, ob er große Schmerzen bekommen wird, und wenn, ob er sie wird ertragen können.
4. Er weiß nicht, ob und wie seine körperliche Erscheinung durch die Krankheit verändert wird.
5. Er weiß nicht, ob der Krebs Tochtergeschwülste (Metastasen) gebildet hat.
6. Er weiß nicht, wie seine Krankheit von seinen Kindern aufgenommen wird. Werden sie jetzt beispielsweise übermäßige Angst um ihren eigenen Körper haben?
7. Er weiß nicht, ob er seiner Familie zur Last fallen wird.
8. Er weiß nicht, welche Behandlungsmethode in seinem Fall am besten ist.
9. Er weiß nicht, wie sein Körper auf die Behandlung reagiert, oder welche Nebenwirkungen unter Umständen auftreten.
10. Er weiß nicht, wie lange er noch leben wird.

11. Er weiß nicht, ob die Menschen, die ihn betreuen, die Wahrheit sagen, oder ob sie versuchen, etwas vor ihm zu verbergen. Er mißtraut jedem.

12. Er weiß nicht, ob die Krankenkasse die ganze Behandlung zahlen wird.

13. Er weiß nicht, ob er weiterhin wird arbeiten können oder ob er von anderen abhängig sein wird.

14. Er weiß nicht, ob sein Partner ihn weiterhin lieben und zu ihm halten wird.

15. Er weiß nicht, wie das Sterben sein wird oder ob es ein Leben nach dem Tode gibt.

Und die Angst setzt sich fest. Ein junger Mann mit fortgeschrittenem Lungenkrebs konnte kaum atmen, doch er sprach von seiner Angst, die für Krebspatienten kennzeichnend ist: „Ich habe Angst. Angst vor dem Sterben, Angst vor dem Leben, Angst vor dem Krebs."

Nell meint, daß ein Krebskranker *nie wieder die gleiche Einstellung zum Leben und Tod haben wird wie vor seiner Krankheit.* Das ist unabhängig von Art und Ausbruchstelle des Krebses.

Sein Leben wird anders sein als vor der Diagnose. Er wünscht sich von ganzem Herzen jene Tage zurück, als der Krebs noch eine Krankheit war, von der nur andere befallen wurden. Aber das ist unmöglich.

Unabhängig von der Prognose ist der Krebs eine Tatsache, die nicht mehr aus seinem Leben wegzudenken ist. Er muß damit leben.

2.

Unnatürliches Zellenwachstum

Als Alice Johnson die Stimme am Telefon hörte, erschrak sie zutiefst: „Hier spricht Dr. Adams“, sagte der Anrufer, „mir tut es so leid, daß ich Ihnen das sagen muß.“

Er brauchte nicht weiterzusprechen. Sie erkannte an seiner traurigen Stimme, daß er den Untersuchungsbericht von der Biopsie* hatte. Schlechte Nachrichten.

Ihr wurde es heiß und kalt, und sie hatte das Gefühl, die ganze Szene wie einen Zeitlupenfilm vor sich zu sehen.

„. . . bösartig . . . Sofortige Operation notwendig . . . “

Sie verstand nur Bruchstücke.

„Möchten Sie, daß ich Ihren Mann anrufe und es ihm sage?“

„Nein — nein, das ist nicht nötig“, hörte sie sich antworten. „Ich kann es ihm selbst sagen.“ *Don! Die Kinder! Wie würden sie es aufnehmen?* Ihre Hände zitterten heftig. Sie hatte Mühe zu notieren, was der Arzt ihr sagte.

Danach blickte sie geistesabwesend auf die Unordnung in der Küche. Überall stand das Frühstücksgeschirr herum. Sie hörte sich selbst schreien. *„Mein Leben ist vorbei“,* dachte sie: *Krebs!*

Die furchtbare Diagnose

Hat jemand diese Diagnose je ohne Furcht, ohne panischen Schrecken vernommen? Wie Nell und Millionen andere, sah Alice plötzlich ein Damoklesschwert über ihrem Leben. In

---

*Biopsie = Mikroskopische Untersuchung von Gewebeproben

diesem Augenblick war sie am *„Ort und im Schatten des Todes"* (Matthäus 4, 16). Zum ersten Mal in ihrem Leben begriff sie, was es bedeutet, Angst zu haben.

„Ich war furchtbar erschrocken", berichtete Alice. „Ich meinte plötzlich Schmerzen im ganzen Körper zu verspüren. Ich war davon überzeugt, daß der Krebs sich überallhin verbreitet hatte. Ich wußte einfach, daß ich sterben würde, und zwar bald. Vielleicht innerhalb weniger Wochen.

Ich hatte schreckliche Angst vor den Schmerzen, die ich vielleicht würde ertragen müssen. Meine Großmutter war an Krebs gestorben, und ich mußte an ihr Leiden denken.

Und mein Stolz — oh, wie das wehtat! Ich war immer so stolz gewesen. Insgeheim hielt ich mich immer für ein wenig besser als andere.

Ich meinte, so etwas würde mich nie treffen können. In der Schule war ich sogar zur Schönheitskönigin gewählt worden, und ich stand immer im Mittelpunkt. Ich war mit einem wunderbaren Mann verheiratet. Ich hatte immer alles bekommen, was ich mir gewünscht hatte. Selbst die (in meinen Augen) vollkommene Familie — ein Junge, ein Mädchen.

Dann mußte ich mich plötzlich mit der Tatsache auseinandersetzen, daß ich Krebs hatte. Das war eine demütigende Erfahrung, glaube mir. *Ich* — und Krebs! Ich konnte mir einfach nicht vorstellen, daß mir so etwas zustoßen könnte. Ich dachte wohl, ich stünde über alledem."

Kein Ansehen der Person

Krebs kennt kein Ansehen der Person. Junge, Alte, Reiche, Arme, Menschen aller Rassen- und Religionszugehörigkeit, Schönheitsköniginnen und Mauerblümchen können an Krebs erkranken.

Diese Krankheit beschränkt sich jedoch nicht nur auf Menschen. Wilde Tiere, Haustiere, Reptilien, Insekten und Pflanzen werden von Krebs befallen.

Die amerikanische Krebsgesellschaft (ACS) berichtet, daß mit der Zeit ungefähr dreiundfünfzig Millionen der heute lebenden Amerikaner an Krebs erkranken werden. Das ist, nach den heutigen Einwohnerzahlen, einer von vier Menschen.

„Mit den Jahren wird es in schätzungsweise zwei von drei Familien einen Krebskranken geben", so die Auskunft der ACS. „In den siebziger Jahren wird es, rund gerechnet, 3,5 Millionen Krebstote und 6,5 Millionen neuer Krebsfälle geben. Mehr als zehn Millionen Menschen werden wegen Krebs in ärztlicher Behandlung sein."

Alice steht mit ihrer Angst vor dem Krebs nicht allein.

Eine 1973 durchgeführte Umfrage des Gallup-Instituts stellte fest, daß amerikanische Frauen sich von allen Krankheiten am meisten vor dem Krebs fürchten.

Es sterben mehr Männer als Frauen jährlich an Krebs (in einem Verhältnis von ungefähr fünfundfünfzig zu fünfundvierzig). Der Grund ist, nach Ansicht vieler Fachleute, daß Männer sich mehr vor der Wahrheit fürchten. Wenn sie zum Arzt gehen, ist es oft schon zu spät für eine wirksame Behandlung.

400 vor Christus erstmalig entdeckt

Die Menschheit kämpft gegen den Krebs, seit Hippokrates im Jahre 400 vor Christus ihn als erster entdeckt hat. Er teilte die Geschwülste in zwei große Gruppen ein: die „unschädlichen" (gutartigen) und die „gefährlichen" (bösartigen). Er prägte auch den Ausdruck karkinoma (d. h. Krabbe) für solide, bösartige Geschwülste. Das lateinische Wort für Krabbe cancrum war später die Grundlage für unser Wort Krebs. Man ist sich nicht sicher, weshalb Hippokrates gerade das Wort Krebs für bösartige Geschwülste benutzte. Manche sehen den Grund darin, daß der Krebs mit großer Zähigkeit seine Beute umklammert.

Bis zu unserem Jahrhundert gab es für den Krebskranken wenig Hoffnung. Die Krankheit führte unweigerlich zum Tode. Heute sind die Aussichten auf Heilung weitaus günstiger. Bei Früherkennung und angemessener Behandlung werden jährlich immer mehr krebskranke Menschen geheilt. Die ACS berichtet, daß 1,5 Millionen Amerikaner, die in Krebsbehandlung waren, heute ein normales Leben führen. Die ACS macht noch eine erstaunliche Aussage: „Krebs ist eine der schweren Krankheiten in diesem Land, die die größten Aussichten auf Heilung haben."

Eine der wichtigsten Behandlungsmethoden ist die Operation. Sie wird empfohlen, wo immer das möglich erscheint.

Die Strahlenbehandlung hat sich als ein wirksames Mittel erwiesen, um das Wachstum der Krebszellen aufzuhalten. Die Bestrahlung wird oft zusätzlich zur Operation oder als alleinige Behandlungsmethode empfohlen. Neben diesen beiden Behandlungsweisen wird der Krebs heute erfolgreich mit radioaktiven Stoffen, verschiedenen Medikamenten und Hormonen behandelt. Der operative Eingriff soll die Krebszellen entfernen. Durch Bestrahlung oder medikamentöse Behandlung sollen sie zerstört oder an ihrer Vermehrung gehindert werden.

Der Arzt kann hoffen, eine *Remission* herbeizuführen. Das ist ein zeitweiliger Zustand, bei dem die Symptome der Krankheit zurückgehen. Es ist jedoch nicht dasselbe wie eine Heilung, da die Krebszellen ja immer noch im Körper sind, selbst, wenn man sie nicht durch ein Mikroskop erkennen kann.

Trotz jahrhunderte langer Forschungen kennen wir bis heute weder die Ursache dieser Krankheit noch ein sicheres Heilmittel. Diese Krankheit ist auch deshalb so schwer in den Griff zu bekommen, weil es mehr als hundertfünfzig erkennbare Krebsarten gibt — jede mit den ihr eigenen Problemen und Verhaltensmustern. Krebskranke werden oft von Hämatologen und Onkologen behandelt.

Was ist Krebs wirklich?

Das Wort Krebs bezeichnet ein unkontrolliertes Wachstum abnormer Zellen. Das *United Cancer Council* beschreibt diesen Vorgang:

„Ein Körper besteht aus Billionen normaler Zellen. Diese vermehren und teilen sich in geordneter Weise, um ihre besonderen Aufgaben zu erfüllen. Wenn diese Zellen aus bisher unbekannten Gründen in einer ungeordneten Weise wachsen, normale Zellen verdrängen und sie ihrer Nahrung berauben, so nennt man diesen Zustand Krebs."

Die Krankheit ist äußerst heimtückisch. Man verspürt bis zum fortgeschrittenen Stadium normalerweise keine Schmerzen.

Einige Krebsarten sind gefährlicher als andere. Manche wachsen schnell, andere langsam. Die ACS meint: „Es gibt keinen festen Wachstumsgrad. Einige Krebsarten wachsen innerhalb weniger Wochen schneller als andere in mehreren Jahren.“ Krebs kann jedes Körpergewebe befallen.

Einige Arten werden erkannt, bevor sie sich weiter ausgebreitet haben. Andere brechen an Körperstellen aus, wo Operation und Bestrahlung schwierig, wenn nicht unmöglich sind. Viele Krebsarten sind jedoch dank dieser Behandlungsmethoden heilbar — vorausgesetzt, sie werden frühzeitig erkannt.

Die ACS sagt kurz und bündig: „Als Krebs bezeichnet man Krankheiten, bei denen unkontrolliertes Wachstum abnormer Zellen auftritt und die, wenn sie nicht behandelt werden, zum Tode führen.“

Deswegen ist es wichtig, daß Operation und andere Behandlungsmethoden nicht auf die lange Bank geschoben werden.

Wissenschaftler haben versucht, die Ursache dieser Krankheit herauszufinden. Das ist jedoch schwierig, da die verschiedenen Krebsarten sich so unterschiedlich verhalten. Bei Tieren wurden einige Krebsarten von Viren hervorgerufen. Die Wissenschaftler nehmen nun an, daß es eines Tages möglich sein wird, gegen einige Arten dieser Krankheit vorbeugend zu impfen. Immer mehr Forscher kommen zu der Überzeugung, daß Krebs in vielen Fällen umweltbedingt ist.

Krebs wird in der Regel nach der Ausbruchstelle benannt

Krebs wird gewöhnlich nach der Stelle bezeichnet, an der er wächst. Im Anhang befinden sich genaue Erläuterungen über die häufigsten Ausbruchstellen beim Menschen. Krebs wird auch nach den biologischen Eigenschaften des Tumors bestimmt. Es sollte noch einmal festgehalten werden, daß nicht alle Geschwülste bösartig sind. Ein gutartiger Tumor ist wohl abnormal, aber selten lebensgefährlich. Er wächst auch nur bis zu einer bestimmten Größe und breitet sich nicht auf andere Körperstellen aus.

Eine bösartige (Krebs-)Geschwulst wächst dagegen weiter. Die Zellen der ursprünglichen Ausbruchstelle können durch die Blutbahnen oder Lymphsysteme in andere Körperstellen befördert werden. Dort erzeugen sie dann weitere Tumore, die *Metastasen*. Ohne Behandlung werden diese Geschwülste mit der Zeit in gesunde Organe eindringen, diese der Nahrung berauben und den Tod herbeiführen.

Besteht Verdacht auf Krebs, wird der Arzt eine Reihe von Tests anordnen. Die genauesten Ergebnisse erreicht man durch die Biopsie, das heißt, eine Gewebeprobe wird chemisch und mikroskopisch untersucht.

Die meisten Menschen klammern sich an die Hoffnung

Bis die Diagnose feststeht, klammern sich die meisten Menschen an die Hoffnung, daß sich ihre Krankheit doch nicht als Krebs herausstellt.

„Ich als Krankenschwester", meint Nell Collins, „hätte mir denken können, daß der veränderte Leberfleck ein bösartiges Melanom sein könnte. Doch ich weigerte mich, diesem Gedanken Raum zu geben. Ich wollte einfach nicht mit der Möglichkeit rechnen, daß auch ich Krebs haben könnte. Ich ließ die Biopsie machen, ohne wirklich diese schlimme Möglichkeit ins Auge zu fassen."

Eine andere Frau, Wilma Kirk, begab sich ins Krankenhaus, um einen Knoten in ihrer Brust entfernen zu lassen. Sie „hoffte gegen alle Hoffnung", daß es nicht Krebs sei. Sie begriff dann, daß sie sich mit völlig sinnlosen Hoffnungen selbst beruhigte: „Manchmal greifen wir nach einem Strohhalm, nur um unsere Hoffnung aufrechtzuerhalten. Ich lag im Krankenhaus in einem Fünf-Bett-Zimmer. Auch meine Zimmergenossinnen ließen eine Brustbiopsie durchführen. Von allen anderen Frauen stellte sich nur bei einer eine bösartige Geschwulst heraus. Das war eine ältere Dame.

Ich baute auf diese Tatsache. Ich redete mir ein, daß nur alte Leute Krebs bekämen. Dann erzählte mir eine Krankenschwester noch, daß ich ein glücksbringendes Bett hätte. Jeder, der in diesem Bett gelegen sei, hätte am nächsten Tag wieder nach Hause gehen dürfen. Auch das gab mir wieder Hoffnung. Es ist merkwürdig, wie schnell wir bereit sind, in solche Dinge unser Vertrauen zu setzen."

Als Wilma nach der Operation erwachte, war ihre Brust und das darunterliegende Muskelgewebe entfernt. Ihr Vertrauen auf das „glücksbringende Bett“ und ihre Annahme, daß „davon nur alte Leute“ betroffen seien, war völlig zerstört.

Als sie begriff, was geschehen war, brach sie in hysterische Schreikrämpfe aus, riß die Bandagen ab und zog die Drainage heraus. Ihr Kummer war jenseits aller Worte.

Zehn Jahre sind seit jenem schrecklichen Tag vergangen. Nie wird Wilma das Entsetzen jener ersten Augenblicke vergessen können. Doch ihre Beziehung zu Christus hat ihr geholfen, ihre Krankheit anzunehmen und mit ihr zu leben. Im Rahmen eines Rehabilitationsprogramms der amerikanischen Krebsgesellschaft, das sich besonders der brustamputierten Patienten annimmt, hilft sie jetzt anderen, mit ihrer Brustamputation fertig zu werden.

Nach einer Krebsdiagnose sollte man nicht überrascht sein, wenn der Betreffende darauf mit großer Frucht und Angst reagiert. Fast jeder empfindet bei dem bloßen Wort *Krebs* Entsetzen. Manchmal versuchen Menschen, ihre Furcht tapfer zu bekämpfen. Doch im Unterbewußtsein bleibt eine Beunruhigung über die unbekannte Zukunft.

3.

Die Selbstachtung des Krebskranken

Was verleiht einem Menschen Wertbewußtsein? Was macht ihn zu einem menschlichen Wesen?

Psychologen haben sich jahrelang mit dem Phänomen der Selbstachtung befaßt. Sie wollten herausfinden, welche Faktoren bei der Selbsteinschätzung eines Menschen eine Rolle spielen.

Diese Faktoren sind vielzählig und unterschiedlicher Art. Zu ihnen gehören die äußere Erscheinung eines Menschen, seine Intelligenz, sein Charakter, seine Arbeitsfähigkeit und schöpferische Leistung, und die Fähigkeit, tatsächliche oder eingebildete Mängel auszugleichen.

Die Selbsteinschätzung des Krebskranken wird, bewußt oder unbewußt, in irgendeiner Weise von seiner Krankheit bedroht sein. Seine äußere Erscheinung könnte durch Operation oder andere Behandlungsmethoden verändert werden. Dabei wandelt sich auch die Vorstellung, die der Patient von seinem Körper hat. Seine Intelligenz wird wahrscheinlich nicht angegriffen werden, es sei denn, das Zentralnervensystem sei durch die Krankheit in Mitleidenschaft gezogen. Der Kranke wird jedoch oft feststellen, daß Menschen ihn plötzlich wie ein Kind behandeln, und zwar wie ein ziemlich zurückgebliebenes Kind. Wenn er über seine Ängste sprechen möchte, wird man vielleicht versuchen, ihn zu besänftigen. Tief verwurzelte Angstgefühle und schwelender Ärger lassen ihn seine Charakterfestigkeit in Frage stellen.

Unsere Selbstachtung beruht zum großen Teil auf der Fähigkeit, zu arbeiten und schöpferisch tätig zu sein. Wieder arbeiten und den normalen Tagesablauf wieder aufnehmen zu können, ist für die meisten Krebskranken sehr wichtig. Wenn ein Mensch körperlich so beeinträchtigt ist, daß er seine frühere Arbeit nicht mehr ausüben kann, ist es außerordentlich wichtig, daß er eine ausgleichende Tätigkeit findet.

Der Kampf einer Frau

Elizabeth Ann Tierney, Krankenschwester im Memorial Sloan-Kettering Krebszentrum in New York, berichtet in einer Fachzeitschrift von dem Kampf einer Frau gegen den Krebs. Eileen, eine Mitfünfzigerin, kam mit schwerem Mundkrebs ins Krebszentrum.

„Eileens Krebsgeschwür war am Zahnfleisch ausgebrochen. Da das Epithel in der Mundhöhle reichlich vorkommt, kann diese Krebsart sich hier gut ausbreiten. Bei der Untersuchung wurden keine Metastasen festgestellt, das heißt, der Krebs war auf das Gewebe der Mundhöhle beschränkt.

Nach Gesprächen mit Eileen entschieden die Ärzte, daß der Krebs durch folgende Maßnahmen unter Kontrolle gebracht werden könnte: Mandibulektomie (Entfernung des Unterkiefers), Glossektomie (völlige Entfernung der Zunge), operative Entfernung des Mundbodens und beidseitige Halslymphknoten- und Weichteilentfernung. Diese Radikalbehandlung würde ihr Schlucken, Atmen und Sprechen beeinträchtigen. Die Genesung würde langwierige und schmerzvolle Behandlung mit sich bringen."

Eileen hatte große Befürchtungen in bezug auf die rein körperliche Seite der Operation. Ihre größte Angst war, daß sie nicht mehr würde sprechen können und ersticken würde.

Darüber hinaus würde ihre Selbstachtung einen schweren Schlag erleiden. Sie begriff natürlich, daß der unbehandelte Krebs mit der Zeit ebensolchen Schaden anrichten würde wie der chirurgische Eingriff. Die Alternative zur Operation: Blutungen, Ersticken, Schmerzen und Tod halfen ihr, den Eingriff im rechten Licht zu sehen und sich schließlich dafür zu entscheiden. Die Operation wurde erfolgreich durchgeführt. Nach einer schweren Genesungszeit begann Eileen sich auf die Zeit zu freuen, wo die wiederherstellende plastische Chirurgie einsetzen würde.

Eileens Selbstwertgefühl wurde durch dieses Erlebnis grundlegend erschüttert. Es war ja nicht nur ihre äußere Erscheinung verändert worden, sondern die Veränderung geschah an einer Stelle, wo sie nicht verborgen bleiben konnte.

Dr. phil. James Dobson schreibt: „Die körperliche Anziehung hat in unserer Kultur (und in den meisten anderen) einen außerordentlich hohen Stellenwert bei der Beurteilung eines Menschen."

Wir können uns dem Wert, den unsere Kultur der rein körperlichen Schönheit beimißt, nicht entziehen. Wenn wir schon nicht „schön" sein können, dann sollten wir doch wenigstens nicht „entstellt" oder „abnorm" oder in irgendeiner Weise „anders" aussehen.

Die kulturelle Wertschätzung der körperlichen Vollkommenheit ist eine der ersten Sorgen des Krebskranken.

„Was wird mit meinem Körper geschehen?" Diese Frage stellt der Kranke vielleicht nicht wörtlich, aber sie ist da.

Brustkrebs war erst vor kurzem Gegenstand einer großen öffentlichen Diskussion in Amerika. Die nationale Aufmerksamkeit richtete sich besonders auf die Frauen verschiedener Politiker, die offen über ihre Brustamputation redeten. Ihre Offenheit hat dazu beigetragen, daß die Mauer des Schweigens, die früher das Thema Brustkrebs umgeben hatte, durchbrochen wurde.

Dr. med. Rene C. Mastrovito, Arzt im Memorial Sloan-Kettering Krebszentrum, erklärt, weshalb sich einige Frauen leichter mit ihrer Brustamputation abfinden können als andere:

„Die Gefahr eines seelischen Zusammenbruchs nach einer Brustamputation ist bei den Frauen verschieden stark. Eine Frau, deren Selbstwertgefühl sehr stark von ihrer Weiblichkeit und ihrer fraulichen Körpererscheinung abhängt, wird einen größeren Verlust erleiden, als eine Frau, für deren Selbstwertgefühl diese Eigenschaften weniger wichtig sind."

Wir alle tragen große Angst um unseren Körper. Doch für Gott wohnt wahre Schönheit in einem Herzen, das in der rechten Beziehung zu ihm steht. Er liebt uns und nimmt uns an, wie wir sind — innerlich und äußerlich.

Gefühlsmäßige Reaktion

Jede durch Krebs oder Krebsbehandlung hervorrufene drastische Veränderung der körperlichen Erscheinung wird eine gefühlsmäßige Reaktion seitens des Kranken hervorgerufen.

Schon die Krebskrankheit selbst ist eine schwere Belastung für den Patienten. Einige Patienten sprechen diese Gefühle aus, andere behalten sie für sich.

Eileen Tiedt schreibt in einer Fachzeitschrift: „Für unsere Gesellschaft ist Krebs eine Schande, denn sie legt großen Wert auf einen unversehrten, gesunden Körper. Daher fällt es dem Krebskranken schwer, über das zu reden, was mit ihm geschehen ist und geschieht." Der Patient verbraucht oft seine seelische Kraft, indem er anderen hilft, mit ihrer gefühlsmäßigen Reaktion auf seine Krankheit fertig zu werden. Der Kranke vergeudet so Energie, die er eigentlich für sich benötigt.

Ein außergewöhnlich gesund aussehender Mann in seinen besten Jahren erzählt außer seiner Frau niemandem, daß er Krebs hat. Er möchte von seiner Umwelt nicht anders als bisher oder gar mitleidig behandelt werden.

Rene Mastrovito schreibt dazu: „Krebs erzeugt schweren körperlichen und seelischen Streß. Man fürchtet diese Krankheit, weil sie tödlich ausgehen kann. Man hat Angst vor Schmerzen, körperlicher Verunstaltung, Verschlechterung des allgemeinen Gesundheitszustandes und Invalidität. Der Krebskranke hat nicht nur das Gefühl, in irgendeiner Weise ‚unrein' zu sein, er steht dieser Krankheit völlig hilflos gegenüber. Denn Krebskranke haben — entgegen ihrer Einstellung zu vielen anderen schweren Krankheiten — das Gefühl, daß sie selbst wenig oder gar nichts zum Schutz gegen den Krebs unternehmen können. Krebs ist für viele ein verhängnisvolles Schicksal. Die Krankheit kommt unvorhergesehen, sie hat verheerende Folgen. Auch wenn der Mensch diese Krankheit überlebt, richtet sie doch meist schwere Zerstörungen an."

Das Selbstwertgefühl eines Menschen wird grundlegend von seinen gefühlsmäßigen Reaktionen auf schwierige oder lebensbedrohende Umstände beeinflußt.

Dr. phil. und Magister der Theologie Maurice E. Wagner beschreibt die seelische Belastung, der ein Mensch nach einer Krebsdiagnose ausgesetzt sein kann:

„Unser Selbstwertgefühl erscheint in der Regel ziemlich stabil, solange unsre Lebensprobleme sich innerhalb annehmbarer Grenzen bewegen. Gelegentlich werden wir jedoch von unerwarteten Belastungen überwältigt. Das kann eine überraschende Krankheit, der plötzliche Tod eines geliebten Menschen, ein berufliches Versagen oder ein Problem in Ehe oder Familie sein. Unser Boot ist nicht nur festgefahren: Es scheint so, als würde es sogleich in der Mitte auseinanderbersten und versinken."

Bewältigungsmechanismen

Um mit unserem täglichen Leben zu Rande zu kommen, bedienen wir uns bestimmter Verhaltensweisen, die die Psychiater „Bewältigungsmechanismen" nennen. Das sind nach Mastrovito verschiedene „Taktiken, Verhaltensmuster, Einstellungen und persönliche körperliche und gefühlsmäßige Eigenschaften, die der Mensch einsetzt, um mit sich selbst und seiner Umwelt zurechtzukommen. Bei erfolgreicher Anwendung erhalten diese Verhaltensmuster die Selbstachtung, die Anerkennung durch die Umwelt und das Gefühl, sein Schicksal zu meistern."

Der Leser wird bemerkt haben, daß bei den Bewältigungsmechanismen, die für Selbstwertgefühl und die Selbstachtung wichtig sind, auch körperliche Eigenschaften genannt wurden. Wird im Verlauf der Krebskrankheit eine körperliche Eigenschaft verändert oder entfernt, hat der Patient einen wichtigen Bewältigungsmechanismus verloren.

Natürlich ist die Lage eines jeden Menschen einzigartig, und es ist schwierig allgemeine Aussagen über Krebs zu machen. Eine einfache, unkomplizierte Krebsart, die keine Tochtergeschwülste gebildet hat, kann unter Umständen völlig entfernt werden und dem Kranken weitere Sorgen ersparen. Andere Kranke haben große Belastungen zu tragen. Eileen Tiedt schreibt:

„Die seelischen Bedürfnisse und Reaktionen all derer, die mit dem Krebskranken zu tun haben, sind abhängig von der Art des Krebses, seiner Ausbruchstelle, seiner Behandlung und dem Verlauf der Krankheit. Diese Faktoren bestimmen die

Anpassungsschwierigkeiten des Krebskranken und seiner Familie. Einige Krebsarten verändern das Aussehen des Kranken, z. B. nach Amputationen oder Gesichtsoperationen. Andere haben oft lebensbedrohende Auswirkungen, wie schwere Veränderungen des Zentralnervensystems, die Lähmung, Blindheit oder lebensgefährliche Störungen hervorrufen können."

Welche Bewältigungsmechanismen werden vom Krebskranken eingesetzt?

Leugnung

Jeder Krebskranke wird seine Krankheit manchmal nicht wahrhaben wollen. Diese *Leugnung* ist ein unbewußter Vorgang, der bis zu einem gewissen Grad bei jedem Menschen auftritt. Nicht jeder benutzt diesen Mechanismus auf die gleiche Weise.

„Leugnung ist nicht notwendigerweise krankhaft", meint Mastrovito. „Als Schutzmaßnahme kann dieser Mechanismus dem Menschen oft gute Dienste leisten, indem er übermäßige Angstzustände oder schwere Depressionen verhindert."

Oft ist die Leugnung eines Zustandes jedoch alles andere als heilsam. Im Gegenteil: sie übersieht und verstellt die Wirklichkeit.

Beim Krebskranken könnte der Verleugnungsmechanismus das erste Mal vor der Diagnose auftreten. Der Betreffende hat ein Symptom, von dem er weiß, daß es ein Anzeichen von Krebs sein könnte. Er leugnet jedoch diese Möglichkeit und begibt sich nicht in Behandlung.

Steht die Diagnose fest, setzt wiederum der Verleugnungsmechanismus ein. „Es muß ein Irrtum sein", behauptet der Patient. „Vielleicht hat man im Labor die Namen verwechselt." Dieser Mensch geht dann möglicherweise von einem Arzt zum anderen, um die Diagnose zu entkräften.

Im Verlauf der Krankheit werden die negativen Informationen heruntergespielt, die positiven aufgewertet. Ärzte unterstützen oft diese Art der Leugnung, da sie meinen, sie müßten die Hoffnung des Kranken so lange wie möglich aufrechterhalten. Es ist nur ein schmaler Grat zwischen einer positiven Lebenseinstellung und dem Leugnen der Wirklichkeit.

Ein Krebskranker, der sein Vertrauen in jeder Lebenslage auf Christus setzt, braucht die Augen nicht vor der Wirklichkeit zu verschließen. *„Siehe, dir gefällt Wahrheit, die im Verborgenen liegt, und im Geheimen tust du mir Weisheit kund“* (Psalm 51, 8).

In diesem Psalm bittet David um Vergebung der Schuld. Aber ich bin überzeugt, daß dieser Vers auch für den Leugnungsmechanismus gilt. Gott möchte, daß wir der Wirklichkeit ins Auge sehen und die Wahrheit kennen. Es ist nicht sein Wille, daß wir so tun, als gebe es unseren Krebs nicht. Realistisch sein heißt, die Lage so zu sehen, wie sie wirklich ist, sie nicht schlimmer, aber auch nicht besser zu machen.

Hilfe annehmen

Die Hilfe anderer in Anspruch zu nehmen bedeutet oft einen schweren Schlag für die Selbstachtung des Krebskranken.

Betty Olsen, zur Zeit der Diagnose Mutter von drei lebhaften Vorschulkindern, war ihre täglichen Aufgaben gewohnt: die Kinder versorgen, das Haus sauber halten, kochen. Sie hatte viel Freude an ihrem Heim und ihrer Familie. Sie liebte die Gartenarbeit und kochte selbst ein. Sie war stolz auf alles, was sie selbst tat.

Ihre Erkrankung an Gebärmutterkrebs hatte zunächst keinen wesentlichen Einfluß auf Bettys Selbstachtung. „Ich war so erleichtert, als der Tumor entfernt war“, sagte sie, „daß ich mir keine weiteren Sorgen machte. Ich erinnere mich, daß ich froh war, wenigstens keinen Brustkrebs zu haben. Zumindest sah man äußerlich nichts von meiner Operation.

Doch später mußte ich mich noch einmal einer ziemlich aufwendigen Therapie unterziehen. Ich war damals drei Wochen von meinem Mann und den Kindern fort. Im Krankenhaus stellte ich mir beständig vor, wie schrecklich diese Situation für meine Familie sein mußte. Ich hatte immer alles für alle getan — sie brauchten mich sogar, um jeden Tag ihre Kleidung herauszusuchen.

Als ich nach Hause kam, war ich schockiert. Ich war geschwächt und fühlte mich elend, aber ich hatte genug Kraft, um langsam aber sicher wütend zu werden.

Es sah nicht danach aus, als hätte meine Familie mich nur

ein bißchen vermißt! Ich hatte das Haus niemals so sauber gesehen. Die Kinder machten ihre Betten selbst und suchten sich jeden Morgen ihre Kleidung heraus. Ich wußte, ich sollte eigentlich hätte glücklich sein, daß sie so gut zurechtkamen. Doch mein Stolz war verletzt. Statt froh zu sein, war ich aufgebracht."

Als Bettys Krebsbehandlung sich über mehrere Jahre hinzog, wurde es ein immer größeres Problem für sie, Hilfe anzunehmen. „Meine Nachbarn waren so freundlich und hilfsbereit. Sie kochten oft für unsere Familie mit und nahmen mir die Kinder ab, wenn ich fort mußte. Ich bin so dankbar für ihre großzügige Hilfe — wir hätten es ohne sie nicht geschafft.

Doch nach einiger Zeit wurde ich richtig verzagt, weil ich erkannte, daß alle alles für *mich* taten und ich keine Möglichkeit sah, diese Hilfe je wieder zurückzuzahlen."

Von anderen Hilfe anzunehmen fällt dem Krebskranken oft schwer. Das Wissen, daß er Hilfe *braucht,* verstärkt noch sein Gefühl der Hilflosigkeit und Verwundbarkeit.

Der Krebskranke hat den starken Wunsch, sich nicht von anderen zu unterscheiden, „normal" zu sein. Weil es aber Zeiten geben kann, in denen er völlig auf die Hilfe anderer Menschen angewiesen ist, kann seine Selbstachtung eine schwere Einbuße erleiden.

Angehörige und Freunde sollten die gefährdete Selbstachtung des Kranken berücksichtigen und ihre Hilfe vorsichtig und feinfühlig anbieten. Der Patient sollte ermutigt werden, so viel wie möglich selbst zu tun. Das Selbstwertgefühl des Kranken wird gestärkt, wenn man ihn um Rat fragt oder um seine Meinung zu einem Problem bittet, mit dem man selbst nicht fertig wird. Menschen, die schwere Zeiten durchlitten haben, verspüren oft ein großes Verständnis für andere und können ausgezeichneten Rat erteilen.

Kompensation

Der Kompensationsmechanismus ist für unser aller Selbstachtung wichtig, hat aber für den Krebskranken eine besondere Bedeutung. Ein Mensch kompensiert, in dem er seine Schwächen durch Konzentration auf seine Stärken ausgleicht.

Dieser Vorgang läßt sich gut durch die Geschichte von Joni

Eareckson veranschaulichen, die als junger Mensch einen Tauchunfall hatte und danach an allen vier Gliedmaßen gelähmt war (Quadraplesie = Querschnittslähmung). Ihr Selbstbewußtsein hatte sie hauptsächlich aus ihren sportlichen Fähigkeiten bezogen: reiten, Wasserski fahren, schwimmen. Durch ihren Unfall verlor sie nun für ihr ganzes Leben die Fähigkeit, ihre Arme und Beine zu gebrauchen. Sie durchlebte Zeiten tiefster Verzweiflung, bevor sie begann, sich ganz auf Christus zu verlassen. Schon vor dem Unfall hatte sie Talent zum Zeichnen gehabt. Nun machte sie die Entdeckung, daß diese Begabung nicht von ihren jetzt nutzlosen Händen abhängig war. Sie lernte, den Stift mit dem Mund zu halten und entwickelte ihr Talent hervorragend. Indem sie auf diese Weise ihre Schwächen *kompensierte,* entwickelte sie eine Ausdrucksmöglichkeit für ihre Persönlichkeit und konnte das Zeichnen zu ihrem Beruf machen.

Es ist wichtig, daß jeder, der im Verlauf der Krebskrankheit körperliche Einbußen erlitten hat, diesen Verlust auf irgendeinem Gebiet ausgleichen kann.

Einer trage des anderen Last

Eine andere Möglichkeit, das Selbstwertgefühl aufrechtzuerhalten oder wieder aufzurichten, liegt in dem Gebot Christi: *„Einer trage des anderen Last."* Dobson beschreibt die Auswirkungen dieses Gebots:

„Derselbe christliche Grundsatz ist auch eine vielversprechende Möglichkeit, den Minderwertigkeitsgefühlen zu Leibe zu rücken. Ich habe wiederholt die Beobachtung gemacht, daß die Nöte und Schwierigkeiten eines Menschen weniger bedrohlich erscheinen, wenn er anderen hilft, ihre Probleme zu bewältigen. Es ist schwer, sich den eigenen Sorgen hinzugeben, wenn man sich gerade der Last eines anderen annimmt und Lösungen für seine Probleme sucht. Jedem entmutigten Leser, der sich ungeliebt und vom Leben betrogen fühlt, empfehle ich, bewußt auf andere Menschen zuzugehen. Machen Sie Krankenbesuche! Backen Sie einen Kuchen für Ihren Nachbarn! Stellen Sie Ihr Auto Menschen zur Verfügung, die keine Fahrmöglichkeit haben. Und vielleicht das Wichtigste: Lernen Sie, ein guter Zuhörer zu sein! Die Welt ist voller einsamer, entmutigter Menschen wie Sie, und Sie sind in der ausgezeichneten Lage, Einfühlungsvermögen zu besitzen. Wenn Sie das tun, versichere ich Ihnen, daß Ihr Gefühl, nutzlos zu sein, sich in Nichts auflöst."

Diese Gedanken wurden von einer Frau in die Praxis umgesetzt. die wegen einer schweren Krebsoperation ihren Beruf aufgeben mußte, den sie dreißig Jahre lang ausgeübt hatte. Sie hatte das Gefühl, völlig nutzlos zu sein und stand am Rande der Verzweiflung.

„Ich war nicht verheiratet, und ich hatte keine Familie. Mein Leben war völlig auf meinen Beruf ausgerichtet. Plötzlich fehlte mir mein täglicher Lebensablauf, meine finanzielle Lage verschlechterte sich. Ich hatte das Gefühl, nirgends mehr gebraucht zu werden und wurde so niedergeschlagen, daß es mir gleichgültig war, ob ich lebte oder nicht.

Eines Nachts, als ich zutiefst niedergeschlagen war, rief ich Nell Collins an. Sie wußte, daß irgend etwas in meinem Leben verkehrt lief. Sie fragte mich, ob Christus bei mir eine Rolle spiele, und ich verneinte. Ich betete dann noch unmittelbar am Telefon, daß Christus in mein Leben kommen möge. Meine Probleme verschwanden nicht, und ich durchlebte noch immer Zeiten tiefster Niedergeschlagenheit. Doch Nell stand mir immer wieder zur Seite und führte mich in Gottes Wort ein.

Ich erkannte schließlich, daß alles, was geschehen war, zum Weg Gottes mit mir gehörte."

Diese Frau begann allmählich Gottes Liebe und seinen Plan für ihr Leben zu begreifen. Mit der Zeit fing sie an, für Nell Briefe zu tippen und andere Büroarbeiten zu übernehmen. In dem Maße, wie sich Nells Missionsfeld erweiterte, nahm auch ihre Büroarbeit zu, und eine Frau, die sich selbst für „nutzlos" gehalten hatte, wurde Nells „rechte Hand".

„Zum ersten Mal sehe ich *wirklich* einen Sinn und Zweck in meinem Leben", sagt sie. „Während all der Jahre im Staatsdienst führte ich in Wahrheit ein sinnloses Leben. Aber jetzt weiß ich, daß mein Dasein einen Sinn hat, der unvergänglich ist, und ich danke Gott für den Krebs."

Wir können unseren wahren Wert nicht nach irdischen Dingen bemessen: Schönheit, Intelligenz, Begabung. Um unseren wahren Wert zu erkennen, müssen wir verstehen, welchen Preis Gott zahlte, um uns zu ihm zurückzuführen. Unsere

Erlösung hat ihn viel gekostet — das kostbare Blut Jesu, seines eigenen Sohnes. Es gibt keine größere Liebe als die, daß Gott selbst in Menschengestalt auf diesen Planeten kam, um für uns zu leiden und zu sterben. Das läßt uns ahnen, wie wertvoll wir in Gottes Augen sind.

4.

Besondere Schwierigkeiten

Krebs bedeutet nicht immer eine Änderung des Lebensstils. Ein Krebspatient kann in vielen Fällen seinen Beruf oder andere Tätigkeiten ausüben, ohne daß die Krebsbehandlung seinen Tagesablauf wesentlich beeinflußt.

Radikaloperationen können jedoch schwere Anpassungsschwierigkeiten zur Folge haben. Kranke mit Dickdarm-Mastdarmkrebs müssen sich unter Umständen an einen künstlichen Darmausgang gewöhnen. Brustkrebsoperation bedeutet in der Regel die Entferung der Brust und des umgebenden Gewebes. Kranke mit Kehlkopfkrebs müssen oft lernen, ohne Stimmbänder zu sprechen. Bei Knochenkrebs wird manchmal ein Arm oder ein Bein abgenommen. Der Kranke muß lernen, mit einem künstlichen Gliedmaß umzugehen.

Diese Schwierigkeiten sind offenkundig. Die meisten Menschen, bei denen aufgrund einer Operation die äußere Erscheinung oder bestimmte Körperfunktionen beeinträchtigt werden, durchleben eine Zeit großer Verzweiflung und Niedergeschlagenheit. Wenn ein Mensch einen Teil seines Körpers verloren hat, wird er diesen Verlust betrauern. Sein Kummer wird viel Ähnlichkeit haben mit der Trauer um einen geliebten Menschen, der gestorben ist. Der Verlust ist von Dauer.

Als Christen wissen wir, daß unser irdischer Leib nur zeitlich begrenzt existiert. Wir wissen, daß Gott eines Tages jedem von uns einen neuen Auferstehungsleib gibt, der in jeder Hinsicht vollkommen ist. Dieser Gedanke ist tröstlich. Doch während wir hier mit unserem irdischen Leib leben, sind wir natürlich verzweifelt, wenn ein Teil dieses Leibes verlorengeht. Wir können uns kaum vorstellen, ohne diesen Körperteil zu leben.

Ein Verkäufer berichtet: „Ich wußte, daß ich meine Stimmbänder verlieren mußte, um zu überleben. Ich war mir nur nicht sicher, ob ich ohne sie leben wollte. Mein Beruf, mein Lebensunterhalt hingen doch von meiner Sprechfähigkeit ab.“ Nach langen und schwierigen Übungsmonaten hat er nun die „Speiseröhrensprache“ (Oesophagussprache) gelernt und findet sich allmählich mit seinem Verlust ab.

Viele Menschen sehen sich innerhalb weniger Tage oder Stunden der Diagnose mit solchen Beschränkungen gegenübergestellt. Die Folgen ihrer Krebskrankheit werden sichtbar und schwerwiegend sein. Ein um so größerer Schock ist es, wenn die Symptome so unbedeutsam erschienen, daß man kaum einen Arzt bemühen wollte. Eine Frau meinte: „Ich konnte es einfach nicht fassen, daß dieser winzige Knoten mein Leben so verändern sollte.“

Krebsoperationen müssen oft radikal durchgeführt werden, damit auch wirklich alles Gewebe entfernt wird, in dem sich vielleicht hätten Metastasen bilden können. Pat McGrady schreibt in einer Fachzeitschrift, daß chirurgische Verfahren in Verbindung mit neuen Betäubungsmethoden, wirksamen Antibiotika gegen Infektionen, Transfusionen und strengen Sterilitätsmaßnahmen heute operative Eingriffe erlauben, die noch vor einigen Jahren unmöglich gewesen wären.

Strahlenbehandlung

Auch im Bereich der Strahlenbehandlung sind außerordentliche Fortschritte gemacht worden. Linearbeschleuniger, Betatronen und Telekobaltanlagen gehören zur Standardausrüstung für die Behandlung tiefsitzender Tumore. Bei der Strahlenbehandlung werden Zellen durch ionisierende Strahlungen vernichtet, indem ihre Teilungsfähigkeit beeinträchtigt wird. Einige Krebsarten sind der Strahlenbehandlung eher zugänglich als andere.

Die neuen Bestrahlungsgeräte arbeiten mit energiereichen Strahlen. Sie können tiefsitzende Geschwülste mit einer höheren Strahlendosis erreichen, ohne die körperlichen Beschwerden und Hautreaktionen hervorzurufen,die oft bei den weniger energiereichen Röntgenstrahlen auftreten.

Schwierigkeiten bei der Chemotherapie

Vor fünfundzwanzig Jahren wurde die medikamentöse Behandlung nur bei solchen Krebskranken angewandt, bei denen schon an mehreren Körperstellen Metastasen aufgetreten waren und bei denen wenig Hoffnung auf Heilung bestand. Es war eine letzte verzweifelte Bemühung, den Kranken am Leben zu erhalten.

Heute spielt die Chemotherapie eine große Rolle bei der Krebsfrühbehandlung. Es ist eine Standardtherapie, die Onkologen heute einsetzen, um den Kranken zu heilen.

Susan Golden gibt in einer Fachzeitschrift den Grund für diesen Optimismus an: „Drei große Fortschritte in der Krebs-Chemotherapie haben zu dieser neuen Perspektive beigetragen: 1. die Entwicklung neuer Medikamente, 2. die Einsetzung von mehreren zusammenwirkenden Medikamenten und 3. der Einsatz von Medikamenten in Verbindung mit Strahlenbehandlung und Operation zur Frühbehandlung von Krebskranken mit schlechten Aussichten.

Sie fährt fort, daß den Ärzten seit 1975 achtzig tumorbekämpfende Medikamente zur Verfügung stehen und ständig neue Arzneimittel entwickelt werden.

Die Medikamente zur Krebsbehandlung haben zwei grundlegende Wirkungsweisen: sie zerstören entweder Tumorzellen (Zytotoxine), oder sie schaffen Umstände, die die Bildung neuer Zellen verhindern (Zytostatika). Diese Medikamente werden mit einem genauen Wissen um das Zellverhalten eingesetzt, um in den verschiedenen Stadien des Zellwachstums die größtmögliche Zerstörung bösartiger Zellen zu erreichen. Gleichzeitig soll jedoch bei den normalen Zellen so wenig Schaden wie möglich angerichtet werden. Es bleibt jedoch nicht aus, daß auch normale Zellen von der Chemotherapie beeinträchtigt werden und verschiedene Nebenwirkungen eintreten.

Die Medikamente, die bei der Krebsbehandlung eingesetzt werden, sollen die sich rasch fortpflanzenden Krebszellen zerstören. Daher werden die normalen Zellen, die sich von Natur aus schnell vermehren, ebenfalls negativ von den Medikamenten beeinflußt. Solche Zellen befinden sich im Verdauungssystem, in den Haarwurzeln und im Knochenmark. Deshalb treten bei Krebspatienten, die mit Medikamenten behandelt werden, oft folgende Nebenwirkungen auf: Haarausfall, Übelkeit, Durchfall, Geschwüre an Mund und Lippen und Veränderungen des Blutbildes (Blutarmut, zu wenig weiße Blutkörperchen, Blutungen usw.).

Nicht jeder verspürt Nebenwirkungen, und manchmal dauern diese Beschwerden nur einige Tage an. Ist die Reaktion auf das verordnete Medikament sehr stark, wird der Arzt vielleicht die Dosis verringern oder das Medikament ganz absetzen.

Haarausfall

Haarausfall kann als Folge von Bestrahlung und bestimmten Medikamenten auftreten. Es ist eine der augenfälligsten Nebenwirkungen der Behandlung und ist besonders schlimm für junge Menschen und junge Erwachsene. Haarausfall ist zwar nicht gefährlich, kann aber große seelische Nöte zur Folge haben. Der Kranke muß Verständnis dafür aufbringen, daß das Medikament oder die Bestrahlung notwendig sind, um das Wachstum der Krebszellen aufzuhalten. Der Kranke sollte im voraus auf diese Nebenwirkung aufmerksam gemacht werden, so daß er sich darauf vorbereiten kann.

Es ist ratsam, sich frühzeitig um die Beschaffung einer Perücke zu kümmern, bevor der Haarausfall weiter fortgeschritten ist. Perücken sind heutzutage bei Männern wie Frauen so verbreitet, daß die Auswahl keine Schwierigkeit bereiten dürfte*.

Brauenstifte und künstliche Wimpern können ebenfalls erworben werden. Das Haar wird nach der Therapie wieder wachsen, aber das dauert mehrere Monate.

Schwäche

Viele Krebskranke empfinden nach der Bestrahlung oder Chemotherapie einen ungewohnten Mangel an Energie. Für Men-

---

*Die gesetzliche Krankenversicherung wird die Kosten für solche Perücken übernehmen.

schen, die normalerweise tatkräftig sind, ist diese Schwäche besonders enttäuschend.

Eine Arbeiterin berichtet: „Ich kann nur mit größter Anstrengung meine tägliche Arbeit verrichten, weil ich so erschöpft bin. Dann komme ich nach Hause und muß noch die Wohnung saubermachen. In diesem Augenblick möchte ich einfach aufgeben. Mein Mann und die Mädels sind mir eine große Hilfe, aber ich bin trotzdem enttäuscht, daß ich nicht alles selbst tun kann. Manchmal würde ich auch gern Gäste zum Essen bitten, aber ich bin mir nie sicher, ob ich der Anstrengung gewachsen bin. Deshalb laden wir nie jemanden ein."

Gottes Verheißung

Die Krebsbehandlung bringt oft so schwerwiegende Fragen mit sich, daß sie einem manchmal unerträglich erscheinen. Doch Gott hat versprochen, daß er uns nichts zu tragen gibt, was andere nicht vor uns erlitten haben. Er will uns nicht mehr auferlegen, als wir ertragen können und gibt uns die Kraft, besonders schwere Zeiten durchzustehen. Jesus versteht unser Leiden. Während seines Erdendaseins litt auch er Todesqualen.

„Denn wir haben ja nicht einen Hohenpriester, der mit unsern Schwächen kein Mitleid haben könnte, sondern der wie wir in allem versucht worden ist, doch ohne Sünde. Darum laßt uns mit Zuversicht vor den Thron der Gnade treten, damit wir Barmherzigkeit empfangen und Gnade finden, wenn wir Hilfe nötig haben" (Hebräer 4, 15.16).

5.

Die Familie des Krebskranken

Der Krebskranke lebt nicht im luftleeren Raum. Seine Krankheit betrifft nicht nur ihn, sondern jedes Mitglied seiner Familie: Kinder, Eltern, Brüder, Schwestern, Mann und Frau. Die Beziehungen der Familienmitglieder untereinander erleben eine schwere Belastungsprobe.

Caroles Mann wird nicht damit fertig, daß seine Frau an Krebs erkrankt ist. Jedes Mal, wenn sie zum Arzt geht, betrinkt er sich. Er erlaubt weder ihr noch irgend jemand sonst, über ihre Krankheit zu reden. Die Kinder spüren die ungeheure Spannung in der Familie, sie sehen die Tränen ihrer Mutter, den Ärger ihres Vaters, aber sie kennen nicht den Grund. Niemand hat ihnen von dem Krebs erzählt.

George, ein vierundzwanzigjähriger Junggeselle, kostete sein Leben voll aus. Eines Tages wurde ihm die Diagnose Knochenkrebs gestellt. Nach der Amputation eines Armes fuhr er mit seinen Eltern nach Hause. Obwohl sie nun alle unter einem Dach leben, ist die Familie durch Schuldgefühle, Ärger, Furcht und Verzweiflung auseinandergerissen.

Jack ist Pastor einer großen Kirche im Mittelwesten. Sein Vater, der ziemlich weit weg in einem anderen Staat lebt, hat Dickdarm-Mastdarmkrebs und wird voraussichtlich nicht mehr lange leben. Es belastet Jack, daß er zu weit weg wohnt, um helfen zu können. Er hat Schuldgefühle, daß er nicht an Ort und Stelle ist, wenn er gebraucht wird.

Als Gloria wegen einer Krebsoperation im Krankenhaus lag, fand sie durch das Zeugnis einer Krankenschwester den Weg zu Christus. Sie ist eine reife Frau mit schon erwachsenen Kindern, steht jedoch noch ganz am Anfang ihres Glaubens.

Als sie nach Hause kam, machte ihr Mann sich über ihre Entscheidung lustig. Ihre Kinder und ihr Mann verblieben weiterhin in Zynismus und Unglauben. Ihr Gesundheitszustand wird immer schlechter, und von ihrer Familie kann sie immer weniger Trost erwarten. Ihr Mann ist eifersüchtig auf ihren Glauben und bereitet ihr viel Kummer.

Hermann, ein junger Mann mit einer Frau und zwei kleinen Kindern, hat Lungenkrebs im Endstadium. Wie kann man den Kindern sagen, daß ihr Vater sterben wird?

Belastung der Familie

Die ganze Familie, Verwandte und enge Freunde erleiden ein bestimmtes Maß an seelischer Erschütterung, wenn ein geliebter Mensch an Krebs erkrankt. Wie groß diese Erschütterung ist, hängt von der Schwere der Krankheit ab. Sind die Heilungsaussichten gut und wurden durch die Operation die äußere Erscheinung und die Körperfunktionen des Kranken nicht schwerwiegend beeinträchtigt, sind die familiären Probleme geringer. Je mehr Komplikationen die Krebskrankheit mit sich bringt, desto größer ist die seelische Belastung für jeden Betroffenen.

Im 6. Kapitel werden die besonderen Schwierigkeiten von krebskranken Kindern behandelt. Im folgenden wollen wir uns mit den häufigsten familiären Fragen und Nöten eines krebskranken Erwachsenen befassen.

Die Krebsdiagnose wirft für die Familie des Kranken viele Fragen auf. Die medizinischen Fragen sollte man dem behandelnden Arzt stellen. Vielleicht halten Sie Ihre Fragen vor dem Arztbesuch schriftlich fest. Einige Ärzte geben von sich aus bereitwillig Erklärungen, andere sagen sehr wenig, wenn sie nicht gefragt werden. Doch wenn der Arzt merkt, daß Sie wirklich alles wissen wollen, werden Ihre Fragen sicher zu Ihrer Zufriedenheit beantwortet werden. Vergessen Sie jedoch nicht, daß auch der Arzt nicht unbedingt alles weiß.

In bezug auf die familiäre Lage des Kranken habe ich am häufigsten untenstehende Fragen gehört. Ich habe mit Ärzten, Krankenschwestern, Kranken und Familienangehörigen geredet, um darauf Antworten geben zu können.

Sollte man Kindern sagen, daß ein Elternteil Krebs hat?

Kinder haben eine erstaunliche Fähigkeit, die Wahrheit zu ertragen. Sie werden auf lange Sicht viel größeren Schaden anrichten, wenn Sie versuchen, die Krankheit vor ihnen geheimzuhalten. Wenn Sie es ihnen nicht sagen, werden sie es von jemand anderem erfahren. Geflüster und geheime Beratungen erzeugen bei Kindern größere Angst als die Wahrheit.

Natürlich ist es wichtig, *wie* man es den Kindern beibringt. Man sollte vor Kindern nicht übermäßig gefühlvoll, hysterisch oder verzweifelt auftreten. Wenn Sie selbst zu sehr aus der Fassung geraten, ist es vielleicht ratsam, den Arzt zu bitten, die Kinder über die medizinischen Fakten aufzuklären.

Sind die Kinder sehr klein, könnte man ihnen etwa folgende Erklärung geben: „Mama merkte, daß etwas in ihrem Körper heranwuchs, was nicht dorthin gehörte. Man nennt das eine Geschwulst. Die Ärzte mußten die Geschwulst herausnehmen, denn es wäre gefährlich, wenn sie in Mamas Körper bliebe. Manchmal wird so eine Geschwulst *Krebs* genannt. Bei diesem Wort erschrickt man gewöhnlich, weil manche Leute sterben, wenn sie diese Art von Geschwulst in ihrem Körper haben. Heute wissen die Ärzte viel besser als früher, wie solche Menschen behandelt werden müssen." Ist die Heilungsaussicht günstig, sagen sie: „Wir glauben, daß es Mama bald wieder gut gehen wird."

Unterrichten Sie Ihre Kinder über die besondere medizinische Behandlung, aber belasten Sie sie nicht mit zu vielen Einzelheiten. Kinder sollten sachlich über die Wahrheit aufgeklärt werden.

Vor allen Dingen belügen Sie Ihre Kinder nicht. Erzählen Sie ihnen nicht, ihre Mutter hätte Grippe oder eine andere geringfügige Krankheit. Versichern Sie ihnen, daß die Ärzte alles versuchen, was in ihrer Macht steht. Geben Sie zu, wenn Sie auf eine Frage keine Antwort wissen.

Wird der Krankheitszustand zunehmend schlechter, sagen Sie den Kindern, daß ihre Mutter vielleicht nicht wieder gesund wird. Versichern Sie ihnen aber, daß sie geliebt, versorgt und nicht verlassen werden.

Achten Sie genau auf die Fragen der Kinder, und antworten Sie so einfach und ehrlich wie möglich.

Es ist sicher nicht leicht, Kinder über die schwere Krankheit eines Elternteils aufzuklären. Es kann aber eine Gelegenheit sein, ihnen von Ihrem Glauben an einen Gott zu erzählen, der keine Fehler macht. Die Erinnerung daran, wie Sie Christus in dieser Lage vertrauen, wird Ihre Kinder ihr ganzes Leben lang begleiten. Versäumen Sie nicht diese Gelegenheit, ihnen einen *lebendigen Glauben* vorzuleben. Schließen Sie Ihre Kinder nicht von diesen Erfahrungen aus, in der Annahme, sie dadurch zu schützen. Diese gemeinsam durchlebte Zeit kann kostbar sein.

Wenn ein Elternteil stirbt

Wenn ein Elternteil stirbt,ist es wichtig, die Kinder trauern zu lassen. Das mag selbstverständlich erscheinen. Doch oft geschieht es, daß Familienmitglieder mitten in ihrem eigenen Kummer zu einem Kind sagen: „Du mußt nun ein großer tapferer Junge sein." Das Kind meint dann, es dürfte keine Gefühle zeigen und wird sein ganzes Leid unterdrücken. Lassen Sie es spüren, daß es richtig ist, in dieser Lage traurig zu sein und seine Mutter oder seinen Vater zu vermissen.

Kinder entwickeln beim Tod eines Elternteils oft ein starkes Schuldgefühl. Lag der Kranke zu Hause, hatte man das Kind wahrscheinlich angewiesen, sich ruhig zu verhalten, damit die Mutter oder der Vater nicht gestört werde. Stirbt der Kranke, meint das Kind oft, es wäre zu laut gewesen und somit schuldig am Tod des geliebten Menschen. Helfen Sie dem Kind, diese Ängste und Schuldgefühle offen auszusprechen.

Ein kleines Mädchen wurde wahrscheinlich wegen des Todes ihrer Mutter für ihr Leben mit Schuldgefühlen belastet. Dorothe, eine zweiunddreißigjährige Frau, fühlte sich nicht wohl, aber es schien keine besondere Krankheit vorzuliegen. Dann begab sie sich doch ins Krankenhaus, um eine Testreihe durchführen zu lassen. Diagnose: Leberkrebs. Sie starb drei Wochen nach der Diagnose.

Ihre Tochter war zu der Zeit sechs Jahre alt. Während ihre Mutter im Krankenhaus lag, wurde sie von einer Tante betreut. Jedem, mit dem sie ins Gespräch kam, berichtete die Tante: „Dorothe war nie ernsthaft krank, bis *dieses Mädchen* auf die Welt kam." Sie sagte das wiederholt in Gegenwart des Kindes.

Es ist unwahrscheinlich, daß die Krebserkrankung in irgendeinem Zusammenhang zu der Geburt des kleinen Mädchens stand und niemand weiß, was die Tante dazu bewegte, einen solchen Schluß zu ziehen. Das Schlimmste ist jedoch, daß das Kind diese Bemerkung immer wieder hörte und sich nun die Schuld am Tod ihrer Mutter gibt. Seien Sie vorsichtig mit Ihren Äußerungen, wenn kleine Kinder in der Nähe sind — selbst wenn Sie meinen, daß sie im Augenblick nicht zuhören.

Sollen Kinder am Begräbnis eines Elternteiles teilnehmen?

Ich bin überzeugt, daß Kinder über drei Jahre an der Trauerfeier und am Begräbnis des geliebten Menschen teilnehmen sollten. Es ist natürlich schlimm, wenn die erste Begegnung des Kindes mit dem Tod gerade der Tod eines Elternteils ist, doch sollten Kinder von den Begräbnisfeierlichkeiten nicht ausgeschlossen werden. Ich meine, daß das Erlebnis der Beerdigung dazu beiträgt, die Hinterbliebenen — einschließlich der Kinder — mit dem Gedanken an den Tod des geliebten Menschen vertraut zu machen.

„Ich fühle mich reich gesegnet", berichtete mir eine junge Mutter einige Wochen vor ihrem Tod. „Ich bin so froh, daß ich mit meinen Kindern über meinen Tod reden kann. Ich kann ihnen sagen, daß mein toter Körper, den sie bei der Trauerfeier sehen, nur die äußere Hülle ist. Das ‚wahre Ich' wird nicht dort im Sarg liegen, es wird bei Jesus sein. Und eines Tages, wenn Gott die Zeit für gekommen hält, werden wir uns an diesem wunderbaren Ort wiedersehen. Ist das nicht herrlich? Wäre ich plötzlich bei einem Autounfall gestorben, hätten wir nie diese kostbaren gemeinsamen Stunden verleben können."

Wie sollen sich Eltern verhalten, wenn erwachsene Kinder an Krebs erkranken?

Eltern eines krebskranken Erwachsenen können ein wahrer Segen oder eine gewaltige Belastung sein. Sind kleine Kinder da, die versorgt werden müssen, ist die Hilfe der Großeltern sicher willkommen.

Halten Sie sich zur Verfügung und beweisen Sie Einfühlungsvermögen. Bieten Sie Ihre Hilfe so an, daß Ihr erwachsenes Kind seine Selbstachtung bewahren kann. Tragen Sie nicht dazu bei, daß Ihr Kind sich nutzlos und unfähig fühlt.

Seien Sie besonders feinfühlig gegenüber den Bedürfnissen des Ehepartners Ihres Kindes. Sie müssen sich unter Umständen im Hintergrund halten und den Ehegatten Entscheidungen fällen lassen, zu denen Sie sich berechtigt fühlen. Sie sind vielleicht nicht mit jeder Entscheidung einverstanden, aber Sie müssen sie achten und annehmen.

Mütter können ihre erwachsenen krebskranken Töchter manchmal zur Verzweiflung treiben, indem sie sich ständig nützlich machen wollen und zeigen, wie sehr sie sich über die Krankheit ihrer Tochter aufregen. Die Tochter fühlt sich dann schuldig, daß sie ihrer Mutter so viel Kummer bereitet. Die Tochter wird die Mutter auch durchschauen, wenn diese versucht, so zu tun, als sei alles gar nicht so schlimm. Die Besuche der Mutter sollten nicht allzu lang sein, wenn die Tochter im Krankenhaus liegt und sich von einer Operation erholt, da die Kranke von solchen Besuchen oft gefühlsmäßig erschöpft wird.

Ich habe das Gefühl, ich sollte ständig im Krankenhaus sein. Hält mich etwas vom Krankenhausbesuch ab, so fühle ich mich schuldig. Was soll ich tun?

Für die engsten Angehörigen ist es wichtig, ein Gleichgewicht zwischen den Krankenbesuchen und ihren übrigen Verpflichtungen herzustellen. Sie möchten den Kranken natürlich so oft wie möglich besuchen. Sie dürfen sich jedoch nicht zum Sklaven ihrer eigenen Vorstellung machen, von dem, was sie tun sollten oder nicht. Wenige Menschen können es sich leisten, mit dem Kranken im Krankenhaus zu leben. Sie können nur Ihr Bestes tun. Erwarten Sie nicht mehr von sich. Auch andere Menschen brauchen Sie. Ihre Arbeit braucht Sie. Sie brauchen Zeit für sich selbst. Machen Sie sich nicht selbst zum Märtyrer. Tun Sie alles, was in Ihrer Macht steht und lassen Sie andere das Ihre beitragen. Wenn Sie einer Gemeinde angehören, reden Sie mit Ihrem Pastor über Ihre Bedürfnisse und Grenzen.

Der Kranke ist vielleicht ohnehin nicht davon erbaut, daß ein ständiger Besucherstrom sein Zimmer belagert, weil es ihn zu sehr ermüdet. Fragen Sie den Kranken, ob und wann er Besucher empfangen möchte. Vielleicht hat er auch das Bedürfnis, eine Zeitlang allein zu sein. Auf der anderen Seite kann der Kranke sich verlassen, einsam und enttäuscht fühlen, wenn er wenig Besuche bekommt.

Es ist so schwer, bei einem Besuch im Krankenhaus die richtigen Worte zu finden. Was sollte ein Besucher zu einem Krebskranken sagen und was nicht?

Ein Gespräch mit dem Kranken zu führen, ist oft außerordentlich schwer, besonders, wenn dieser niedergeschlagen ist und sich große Sorgen um seinen Zustand macht. Sie wissen, daß er, sowenig wie Sie, über das Wetter reden will.

Hier sind einige Anregungen, wie man sich in einer solchen Lage verhalten könnte.

Sagen Sie dem Kranken nicht, wieviel „Glück" er doch hat. Er empfindet das genaue Gegenteil.

Sagen Sie ihm auch nicht, wie gut er aussieht, es sei denn, es entspricht der Wahrheit. Sie können ihn aber auf etwas aufmerksam machen, was wirklich gut aussieht, z. B.: „Du hast heute wieder etwas Farbe im Gesicht" oder „Du siehst aus, als hättest Du diese Nacht gut geschlafen"!

Allzu optimistische und schwungvolle Besucher tragen unter Umständen dazu bei, daß sich der Kranke noch elender fühlt. Halten Sie sich etwas zurück, bis Sie wissen, wie er sich fühlt.

Erzählen Sie ihm nicht, was für eine arbeitsreiche Woche Sie hinter sich haben.

Sagen Sie ihm nicht, daß Sie wissen, wie er sich fühlt. Sie wissen es nicht.

Fragen Sie ihn, ob er gerne mit Ihnen reden möchte. Seien Sie ein guter Zuhörer. Ermutigen Sie ihn, das auszusprechen, was er auf dem Herzen hat.

Vielleicht möchte er, daß Sie ihm etwas Tröstliches aus der Bibel vorlesen. Paulus schrieb den Brief an die Philipper, während er im Gefängnis saß, und doch strahlt eine große Freude daraus. Aus diesem Brief könnte man dem Kranken ein paar Verse vorlesen.

Nähern Sie sich dem Kranken mit einem Lächeln und begrüßen Sie ihn ohne viele Worte. Eine Umarmung oder das Berühren seines Armes können oft ohne Worte ausdrücken, was Sie ihm sagen möchten. Wenn Sie den Kranken fragen, wie er mit seiner Lage fertig wird, werden Sie schnell herausfinden, was er auf dem Herzen hat.

Die körperliche Berührung ist wichtig, besonders, wenn der Kranke mit seiner großen Belastung nicht fertig wird. Oft geschieht es, daß Besucher vor dem Kranken zurückweichen. Sie stehen etwas abseits vom Bett, vermeiden jede Berührung mit ihm, und verhalten sich so, als hätte der Kranke Aussatz. *Krebs ist nicht ansteckend!* Halten Sie die Hand des Kranken, und setzen Sie sich auf sein Bett, wenn es für ihn bequem ist. Ihre körperliche Nähe wird für ihn tröstlich sein.

Welche gefühlsmäßigen Reaktionen können beim Krebskranken auftreten?

Eines der größten Probleme der Familie eines Krebskranken sind die gefühlsmäßigen Ausbrüche des Kranken. Sie können oft nicht in der rechten Weise darauf antworten, weil seine Krankheit ja auch für sie eine schwere Erschütterung bedeutet.

Es steht zu erwarten, daß der Kranke einige oder alle der folgenden Reaktionen zeigt: Ärger, Furcht, Depression, Reizbarkeit, Schlaflosigkeit und exzentrische Träume. Verstärkte sexuelle Wünsche sind auch aus der ungewöhnlichen Spannung und Belastung zu erklären. Der Kranke hat womöglich Schuldgefühle deswegen. Wenn er nicht weiß, wie er diese Schuldgefühle bewältigen kann, wird sein allgemeiner Angstzustand noch verstärkt.

Männer, die Krebs im Endstadium haben und zusehens schwächer werden, leiden oft unter dem „Verlust der Männlichkeit". Sie bekommen Depressionen, die sich häufig in Feindseligkeit gegen die Familie und besonders gegen die Ehefrau äußern.

Welche besonderen Probleme treten auf, wenn der Kranke kurz vor dem Tod steht und zu Hause gepflegt wird?

Familien, die sich für die häusliche Pflege eines Krebskranken im Endstadium entschieden haben, sind im Nachhinein meistens froh darüber. Es ist zwar eine große Belastung, aber viele Familien wachsen in dieser Zeit eng zusammen und erleben unerwartete Segnungen.

Das Wort *Endstadium* erweckt oft den Eindruck, daß nun nichts mehr für den Kranken getan werden kann. Das stimmt vielleicht insofern, als man den Krebs nicht mehr heilen kann. Aber es kann sehr viel getan werden, um dem Kranken sein Los zu erleichtern.

Eine Person allein kann nicht die gesamte häusliche Krankenpflege übernehmen. Den Kranken baden, seine Kleidung wechseln, die Bettwäsche wechseln, seine Lage verändern, seinen Stuhl entleeren und bei ihm Nachtwache halten, sind nur einige der vielen wichtigen Dinge, die getan werden müssen. Häufiges Abreiben des Rückens, des Gesäßes, der Ellbogen, Fersen und Knie tragen ebenfalls dazu bei, die Lage des Kranken zu erleichtern. Ein bequemes trockenes Bett ist ebenso wichtig wie liebevolle, einfühlsame Pflege. Wenn Sie nicht ohnehin schon den größten Teil der Pflege übernommen haben, bieten Sie Ihre Hilfe an, um die unmittelbare Pflegeperson zu entlasten.

Ungefähr die Hälfte aller Menschen, die an Krebs sterben, verspüren keine Schmerzen. Für die anderen gibt es starke schmerzstillende Medikamente. Vielleicht kann auch einmal eine Krankenschwester ins Haus kommen und bei bestimmten Problemen wie Schmerzanfällen, Füttern des Kranken usw. helfen und Sie beraten.

Die meisten Familien benötigen in einem solchen Fall eine besondere Ausrüstung zur Pflege des Kranken, z. B. ein Krankenhausbett, einen Rollstuhl oder Krücken. Ihre Krankenkasse wird für diese Dinge aufkommen.

Ein weiteres Problem ist, daß die Familie eines Krebskranken oft zuwenig Schlaf bekommt und dadurch die ohnedies schon große seelische Belastung verstärkt wird. Die Durchhaltefähigkeit hängt davon ab, ob man genügend ausgeruht ist. *Sie müssen sich unbedingt genug Schlaf gönnen.*

In einer so schweren Zeit ein normales Familienleben aufrechtzuerhalten, ist nahezu unmöglich. Bitten Sie andere, Ihnen zu helfen. Wenn Sie eine besonders starke Persönlichkeit sind, wissen entferntere Verwandte vielleicht nicht, daß Sie Hilfe brauchen. Erklären Sie ihnen Ihre Lage. Wenn Sie keine große Familie haben, werden Ihnen sicher Menschen aus Ihrer Gemeinde beiseite stehen, wenn man dort um Ihre Verhältnisse weiß.

Ich merke, daß ich von unserem Arzt seelische Unterstützung erhoffe, und werde in der Regel enttäuscht. Was kann ich von ihm erwarten?

Besonders im Endstadium der Krankheit erwarten Kranke und Angehörige, daß der Arzt auf ihre seelischen Probleme eingeht und sich mehr Zeit für Erklärungen nimmt. Einige Ärzte kommen diesem Wunsch nach, andere nicht.

Manche Menschen meinen, der Arzt sei mit übermenschlichen Fähigkeiten ausgestattet, und sind dann enttäuscht, wenn sie feststellen müssen, daß er auch nur ein Mensch ist. Die meisten Ärzte, die mit Krebskranken zu tun haben, sind außergewöhnlich einfühlsam. Doch sind auch sie nur Menschen mit begrenztem Wissen, die ihr Bestes geben. Es ist nicht recht, mehr von ihnen zu erwarten.

Geistliche Bedürfnisse des Krebskranken

Die Familienangehörigen des Krebskranken denken in erster Linie an die körperlichen Bedürfnisse des Kranken: Operation, Bestrahlung und medikamentöse Behandlung. Natürlich ist das körperliche Wohlbefinden des Kranken eine der Hauptaufgaben seiner Betreuer. In der Regel gewährt die Familie dem Kranken auch seelische Unterstützung. Das ist wichtig, denn der Kranke muß mit Lebensumständen fertig werden, die vielleicht das erste Mal völlig außerhalb seiner Kontrolle liegen.

Die geistlichen Bedürfnisse des Kranken werden jedoch kaum bemerkt. Der Kranke wird zwar von Krankenhausseelsorgern besucht, doch auch sie erkennen oft nicht die große geistliche Not, in der sich der Kranke befindet.

Wie im körperlichen und seelischen Bereich, kann man auch die geistliche Not des Kranken an bestimmten Symptomen erkennen. Wir müssen uns auch dieser geistlichen Bedürfnisse bewußt werden und Einfühlungsvermögen für die Lage des Kranken entwickeln.

Nell Collins, die Missionarin für Krebskranke, hält ein Seminar für Krankenschwestern zu dem Thema: „Wie erkennt man eine geistliche Not?" Im Folgenden werden Symptome genannt, die ihrer Ansicht nach am besten zu erkennen sind:

1. *Zurückweisung von Menschen.* Oft geschieht es, daß ein Kranker sein Gesicht zur Wand dreht und mit niemandem reden will. Das tut er oft deshalb, weil der Besucher nicht mit ihm über geistliche Fragen sprechen möchte und der Kranke über nichts anderes reden mag.

2. *Tränen.* Entwickeln Sie ein Gespür dafür, ob der Kranke das Bedürfnis hat, zu weinen. In unserer Gesellschaft meinen Männer häufig, sie dürften keine Tränen vergießen. Sie können dem Kranken helfen, wenn Sie sagen: „Es tut manchmal gut, sich auszuweinen." Tränen können Ausdruck vieler Gefühle sein. Es ist jedoch möglich, daß der Kranke verzweifelt, weil seine Gottesbeziehung nicht in Ordnung ist.

3. *Nächtliches Umherlaufen.* Dieser Mensch ist oft sehr müde. Er findet aber keinen Schlaf, weil er ein geistliches Problem mit sich herumträgt.

4. *Änderung des normalen Schlafverhaltens.* Auch eine völlige Änderung des normalen Schlafverhaltens kann Ausdruck einer geistlichen Not sein. Sowohl Schlaflosigkeit als auch ein übergroßes Schlafbedürfnis sind Gefahrensignale.

5. *Offenes Zugeben von Angstgefühlen.* Wenn ein Kranker seine Angst zugibt, geben Sie ihm Gelegenheit, seinen Ängsten klar Ausdruck zu verleihen. Fragen Sie ihn: „Wovor hast du Angst?" Nicht „Warum hast du Angst?"

6. *Verzagtheit.* Ganz gleich, wieviel Reichtum er erworben, wieviel Erfolg er im Leben gehabt hat: ein Mensch wird unaussprechlich traurig sein, bis seine geistlichen Bedürfnisse gestillt sind. Nur die Gewißheit des ewigen Lebens kann Trost in menschlicher Verzweiflung sein.

7. *Ichbezogenheit.* Der einzige Mensch, über den dieser Kranke reden kann, ist er selbst. Die Pronomen *ich, mir, mich* und *mein* sind die von ihm am häufigsten benutzten Worte. Wir neigen dazu, uns von einem solchen Menschen abzuwenden. Aber der Grund für seine Ichbezogenheit ist vielleicht ein ungelöstes geistliches Problem. Lassen Sie ihn reden und haben Sie ein feines Gespür für seine große Not, die er so verzweifelt mitteilen möchte und muß.

8. Nachinnengekehrtsein. Dieser Mensch möchte weder mit seinem Pastor noch mit irgend jemand anderem über geistliche Dinge sprechen. Es hat den Anschein, als ließe ihn dieses Thema kalt — das Gegenteil ist oft der Fall.

Sind die Anzeichen für eine geistliche Not erkannt worden, kann man beginnen, dem Kranken zu helfen.

Doch zunächst müssen Sie sich erst einmal selbst darüber klar werden, ob Ihre eigene Beziehung zu Gott in Ordnung ist. Wenn Sie sich Ihres eigenen Glaubens nicht sicher sind, sollten Sie den Kranken an einen anderen Menschen verweisen, der ihm helfen kann. Fragen Sie ihn, ob er den Besuch eines Seelsorgers wünscht.

Hören Sie ihm auf jeden Fall gut zu. Damit können Sie ihm wahrscheinlich am allermeisten helfen. Der Kranke wird enttäuscht sein, wenn Sie ihn nicht über seine Ängste sprechen lassen. Auch wenn bei ihm eine Aussicht auf Genesung besteht, hat er vielleicht den Wunsch, über den Tod zu reden. Lassen Sie ihn darüber sprechen und speisen Sie ihn nicht mit Sätzen ab wie: „Über so etwas brauchst du dir doch keine Gedanken zu machen!" Sind die Heilungsaussichten schlecht, beschäftigen sich die Angehörigen oft so stark mit der Frage, wie sie dem Kranken sein Schicksal „beibringen" können, daß sie gar nicht merken, wenn der Kranke *ihnen* sagt, daß er sterben wird.

Lassen Sie den Kranken über den Tod sprechen, wenn er das Bedürfnis dazu hat. Wenn Sie sich winden und sich weigern, darüber zu reden, oder wenn Sie jedesmal, wenn vom Sterben die Rede ist, das Thema wechseln, könnten Sie ebenso gut sagen: „Dieses Thema ist zu schrecklich, als daß man auch nur darauf anspielen könnte." Eine solche Einstellung hilft dem Kranken in keiner Weise.

Megan Hudson, ein zweiundzwanzigjähriges Mädchen, hat eine Krebsgeschwulst an der Nebenschilddrüse. Sie schreibt über ihre Erfahrung mit Besuchern:

„Am allermeisten sehnte ich mich danach, mit jemandem über meine Ängste sprechen zu können. Doch vielen Menschen schien das Zuhören schwer zu fallen. Sie meinten offenbar, die Risiken herunterzuspielen und sich optimistisch geben zu müssen. Vielleicht war ihnen ruhiges Zuhören zu passiv, zu einfach. Doch beruhigende Statistiken waren für mich keineswegs beruhigend, und der Rat, mir keine Sorgen zu machen, war kein Trost. Ich brauchte Anteilnahme und Mitgefühl, keine Aufheiterung: „Du machst eine schwere Zeit durch!" nicht „Es wird schon wieder werden!"

Hoffnung ist für den Kranken lebenswichtig. Aber man sollte keine falschen Hoffnungen schüren. Quacksalber verdienen ein Vermögen an Krebskranken, weil sie nicht Heilung, sondern Hoffnung verkaufen. Diese Hoffnung betrügt den Kranken.

Es besteht auch ein Unterschied zwischen zeitlicher und ewiger Hoffnung. Der Kranke sollte diesen Unterschied kennen. Wir sollen ruhig hoffen, daß die Strahlenbehandlung und die Chemotherapie anschlägt und daß durch die dritte Operation nun endlich alle Metastasen entfernt werden. Wir dürfen auch hoffen, daß die Wissenschaft ein neues Heilmittel für die Krebsart findet, an der wir leiden.

Nehmen Sie dem Kranken nicht diese Hoffnung! Viele Patienten — auch gläubige Christen — bewahren sich bis zum Ende einen Hoffnungsschimmer, daß ihr körperlicher Zustand sich bessern wird. Der Kranke sollte nicht denken müssen, man hätte ihn „aufgegeben".

Andererseits sollte die Familie des Kranken ein Gespür dafür entwickeln, daß seine Hoffnung sich verändert, wenn er beginnt, die Realität seiner Lage anzunehmen. Es wird nicht helfen, wenn Sie immer noch von Hoffnungen reden, die er längst aufgegeben hat. Jetzt ist die Zeit gekommen, in der die Familie eine wirkliche und echte Gemeinschaft untereinander pflegen sollte. Man sollte dem Kranken nichts vorspielen. Manchmal entwickeln Angehörige ein ausgeklügeltes System von Täuschungen, um den Kranken vor der Wahrheit zu „schützen". Diese Täuschungsmanöver zwingen den Kranken *ganz allein* mit seinen Ängsten fertig zu werden — ein ungeheuer grausames Schicksal.

Zeitliche Hoffnung betrifft die Dinge dieser Welt. Ewige Hoffnung ist Hoffnung auf Gott. Nur diese Hoffnung vermag inneren Frieden zu geben.

6.

Wenn ein Kind Krebs hat

Kevin Jones feierte seinen achten Geburtstag mit einer riesigen Geburtstagstorte, vielen Spielen und einem Zimmer voller Lampions. Eine ganz normale Geburtstagsfeier?

Kevins Mutter weinte innerlich, als ihr Junge seine Geburtstagskerzen ausblies, sein Vater hielt mit Mühe die Tränen zurück. Seine ältere Schwester mußte den Tisch verlassen. Sie alle wußten, daß dies ein besonderer Geburtstag war. Jeder von Kevins Geburtstagen ist etwas Besonderes.

Kevin hat akute lymphatische Leukämie. Seit dieser Diagnose sind nun zwei Jahre verstrichen. Die Krankheit ist vorübergehend am Abklingen. Es geht ihm gut. Er geht zur Schule, nimmt Klavierstunden und möchte einmal Arzt werden.

Er plant für seine Zukunft!

Als man Kevins Krankheit als Krebs diagnostizierte, waren seine Eltern entsetzt. Sie hatten immer gedacht, daß nur ältere Leute Krebs bekämen, da diese Krankheit mit zunehmendem Alter häufiger wird. Aber ein Kind! Dr. med. C. Everett Koop, Leiter der chirurgischen Abteilung des Kinderkrankenhauses von Philadelphia, sagte in einer Rede, die er im Dezember 1977 in Marseille hielt: „Es fällt nicht nur schwer anzunehmen, daß ein Kind an Krebs erkranken könnte; es ist undenkbar."

In den fünfziger Jahren hatten Kinder, die an Leukämie oder anderen Krebsarten erkrankten, wenig Aussicht auf Heilung. Das Hauptaugenmerk wurde darauf gerichtet, es dem Kind in seinen letzten Wochen oder Monaten so angenehm wie möglich zu machen.

Bis heute hat man noch kein absolutes Heilverfahren gefunden, und Krebs steht als Todesursache bei Kindern nur an zweiter Stelle nach Unfällen. Doch hat man schon große Fortschritte in der Behandlung dieser Krankheiten erzielt. Operation, Strahlentherapie und mehrere aufeinander abgestimmte Medikamente werden für den einzelnen Kranken zu einem Behandlungsprogramm zusammengestellt. So haben immer mehr krebskranke Kinder Aussicht auf völlige Heilung.

Diese Hoffnung ist ein großer Trost für das Kind und seine Familie. Doch die monate- oder sogar jahrelange Behandlung ist für die ganze Familie eine große Belastung. Der Tod ist immer noch ein realer Feind, und der Kampf gegen diesen Feind ist oft schmerzlich und immer seelisch erschöpfend. Im Hintergrund lauert immer das Gespenst des Todes. Dr. Koop fuhr in seinem Vortrag fort: „Trotz der großen Behandlungserfolge von Tumoren und Leukämie ist jedoch die Anzahl der Kinder, die an Krebs sterben, immer noch größer als der, die geheilt werden."

Die seelische Belastung der Eltern

Die meisten Menschen wissen nichts von den großen Fortschritten, die in den letzten Jahren bei der Behandlung von krebskranken Kindern gemacht wurden. Wenn die Eltern den Untersuchungsbefund hören, werden sie zunächst einmal von ihren Gefühlen übermannt, da sie meinen, daß Krebs im Kindesalter stets den Tod bedeutet.

Andy McCord ist ein lebhafter zweijähriger Junge, der mit Bauklötzchen spielt und gern die „Sesamstraße" anschaut. Wenn man ihn sieht, denkt man nicht, daß er jemals krank gewesen ist.

Im Alter von vier Monaten wurde bei ihm ein Neuroblastom festgestellt. Das ist eine Geschwulst aus Neuroblasten (nicht ausgereiften Nervenzellen) und tritt in der Regel zuerst im Bauchraum auf. Andys Tumor hatte sich um die Aorta, die Hauptschlagader, gebildet.

„Man machte uns wenig Hoffnung, daß er die Operation überhaupt überleben würde", sagte Frau McCord. „Mein Mann und ich erlitten einen seelischen Schock. Man kann sich nicht vorstellen, wie entsetzlich es ist, wenn man erfährt, daß sein Kind Krebs hat."

Der kleine Andy überlebte die erfolgreiche Operation. Danach wurde er bestrahlt und mußte Medikamente einnehmen. Während dieser Behandlungszeit ging es ihm ziemlich schlecht. Die McCords gingen wie betäubt durch diese Wochen, sie fürchteten sich, zu beten.

In dieser Zeit begannen sie zu begreifen, wie wichtig es ist, eine Kraftquelle zu haben, die außerhalb unseres eigenen Vermögens liegt.

„Ich glaube, daß Gott es war, der uns in dieser Zeit Freunde schickte", sagte Frau McCord. „Sie halfen uns zu begreifen, daß Christus die Antwort auf jede unserer Fragen und Nöte sein könnte. Heute verlassen wir uns völlig auf ihn, ganz gleich, in welcher Lage wir uns befinden. Wir können uns ein Leben ohne Christus nicht mehr vorstellen."

Andere Probleme

Bei der Behandlung von krebskranken Kindern ergeben sich für die Eltern und das kranke Kind Fragen, Sorgen und Schwierigkeiten, die erkannt und denen entsprechend begegnet werden sollte.

Schuldgefühle der Eltern

Die erste gefühlsmäßige Reaktion der Eltern auf die Krebsdiagnose ist ein großes Schuldgefühl. Dr. med. Arthur Provisor ist Professor für Kinderheilkunde in der Abteilung Hämatologie-Onkologie des James Whitcomb Riley Kinderkrankenhauses in Indianapolis. Er meinte in einem Interview:

„Oft sind die ersten Symptome nicht deutlich zu erkennen, so daß der Hausarzt die Krebskrankheit nur schwer diagnostizieren kann. Diese Krankheiten sind ziemlich selten, und die ersten Symptome ähneln anderen Kinderkrankheiten. Wenn es also schon den Ärzten schwerfällt, die frühen Symptome der Krankheit zu erkennen, brauchen sich die Eltern deshalb nicht schuldig zu fühlen."

Eine andere Art des Schuldgefühls betrifft die Eltern-Kind-Beziehung. Alle Eltern machen sich einmal Vorwürfe wegen tatsächlicher oder eingebildeter Erziehungsfehler. Bekommt ein Kind Krebs, verstärkt sich dieses Schuldgefühl. Viele Eltern meinen, daß sie persönlich verantwortlich für die Krankheit ihres Kindes sind und leiden sehr darunter.

Übermaß von Fürsorge

Wenn Eltern wissen, daß ihr Kind eine Krankheit hat, die zum Tode führen kann, haben sie den natürlichen Wunsch, dieses Kind vor jedem weiteren Schaden zu bewahren. Das Kind muß dann unglücklicherweise ein Leben führen, das alles andere als normal verläuft. Was dem Kind zuzumuten ist, muß in jedem einzelnen Fall entschieden werden. Es sollte jedoch sobald wie möglich wieder zur Schule gehen und mit anderen Kindern spielen. Brüder und Schwestern sollten ihre Freunde heimbringen dürfen. Die Eltern sollten sich die Freiheit nehmen, auszugehen und das Kind auch einmal von einer anderen Person betreuen zu lassen. Auf Urlaubsreisen — auch ins Ausland — braucht man nicht zu verzichten, wenn es dem Kind gut geht.

Natürlich müssen Eltern die tatsächlichen Gefahren für das Kind im Auge behalten. Die meisten krebskranken Kinder dürfen nicht mit bestimmten Krankheiten (z. B. Windpocken) in Berührung kommen. Während einer solchen Ansteckungsgefahr sollte das Kind nicht zur Schule gehen.

Negative Reaktion der Umwelt

Eltern müssen darauf vorbereitet werden, daß Verwandte und Freunde negativ auf die Krankheit ihres Kindes reagieren könnten. In einem Fall weigerte sich der Babysitter, weiterhin ins Haus zu kommen, und einige Freunde besuchten die betroffene Familie nicht mehr. Diese Menschen meinen irrtümlicherweise, daß Krebs ansteckend sei. Die Eltern müssen sich neben ihrer eigenen Furcht nun auch noch mit den Ängsten der Umwelt auseinandersetzen.

Es ist unter Umständen notwendig, daß Eltern in die Schule des Kindes gehen und dort die Krankheit, deren Behandlung und die auftretenden Nebenwirkungen erklären, damit Mitschüler und Lehrer das kranke Kind so normal wie möglich behandeln.

Eine Schulfreundin meiner Tochter ist wegen ihrer Leukämie fast eine Berühmtheit in ihrer Klasse. Sie hat ihren Mitschülern viel über ihre Krankheit erzählt und hielt eines Tages sogar einen Vortrag über das Knochenmark. Dieses Verhalten trägt dazu bei, Verständnis für die Krankheit zu wecken und normale Beziehungen zu Schulkameraden und Lehrern herzustellen.

Fachkundige Betreuung

Wenn ihr Kind im Krankenhaus liegt, leiden Eltern oft unter dem Gefühl, daß sie unfähig sind, es selbst zu versorgen. Pam Flummerfelt, Krankenschwester in der Abteilung Hämatologie-Onkologie am James Whitcomb Riley Kinderkrankenhaus, meint: „Das Krankenhauspersonal darf nicht vergessen, daß die Eltern dieses Kind sein ganzes bisheriges Leben betreut haben. Nun kümmern sich andere Menschen um den kleinen Patienten, und die Eltern sind nicht in der Lage, das zu tun, was für ihr Kind vonnöten ist. Wir versuchen, die Eltern in die Betreuung des Kindes miteinzubeziehen. Das kommt dem Kind zugute, und die Eltern fühlen sich nicht in den Hintergrund gedrängt."

Beängstigende Erfahrungen

Kinder, die an Krebs erkrankt sind, müssen plötzlich viele neue Erfahrungen machen: verängstigte Eltern, fremde, ernst dreinblickende Menschen, ein Krankenhausbett, Schläuche, Apparaturen und Spritzen. Sie müssen Behandlungen ausgesetzt werden, die entweder weh tun oder ein Gefühl der Übelkeit hervorrufen. In der Regel war das Kind vorher nie ernsthaft krank, und es hat jetzt große Angst.

Körperliche Veränderungen

Das Kind und seine Eltern sollten auf mögliche körperliche Veränderungen vorbereitet werden, z. B. Haarausfall, aufgedunsenes Gesicht und aufgeblähter Leib durch Chemotherapie. Nach der Behandlung wird das Haar wieder wachsen, und die Schwellungen werden sich zurückbilden.

Komplikationen

Es besteht die Gefahr, daß die Krebsbehandlung zwar gute Erfolge erzielt, doch dafür andere Probleme wie Blutungen oder Infektionen auftreten.

Erziehung

Viele familiäre Probleme entstehen wegen Streitfragen über die Erziehung.

Eltern sind sich oft uneins, wann, ob und wie man ein Kind bestrafen soll. Kommt noch das Wissen dazu, daß das Kind eine lebensbedrohende Krankheit hat, leiden alle familiären Beziehungen. Die Eltern müssen gemeinsam entscheiden, welches Verhalten am vernünftigsten ist, und sich dann gegenseitig unterstützen.

Das Familienleben wird nie wieder dasselbe sein wie vor der Diagnose. Doch es ist wichtig, daß die Familie so bald wie möglich zu ihrem normalen Tagesablauf zurückkehrt.

Zu der „normalen" Behandlung des Kindes gehört auch, daß man ihm Grenzen setzt und darauf achtet, daß sie eingehalten werden. Viele Eltern lassen einem kranken Kind alles durchgehen und tun ihm damit letztlich keinen Gefallen.

Auch ein krankes Kind ist eigensinnig, ungehorsam und aufsässig. Jedes Kind, ob krank oder gesund, wird versuchen, wie weit es gehen darf. Es ist für das Geborgenheitsgefühl des Kindes wichtig, ihm vernünftige Grenzen zu setzen und ihm dann innerhalb dieser Grenzen liebevoll Spielraum zu lassen.

Wenn Eltern diese Grenzen festsetzen, sollten sie jedoch beweglich genug sein, sich wechselnden Gegebenheiten anzupassen. Die Krebsbehandlung ist für das Kind oft körperlich schmerzvoll und immer eine große seelische Belastung, so daß das Kind häufig sein „normales" Verhalten ändert. Oft reagiert es mit Unmut, Bitterkeit und Eifersucht auf die, die gesund sind.

Die Eltern müssen verständnisvoll und freundlich mit dem Kind umgehen. Das Kind wird seine starken negativen Gefühle nicht verstehen und sich deswegen schuldig fühlen. Die Eltern müssen dem Kind helfen, seine eigenen Gefühle zu verstehen;

vielleicht, indem sie mit Worten ausdrücken, was das Kind empfindet: „Du bist jetzt ärgerlich, weil du gesund sein möchtest."

Eltern sollten dem Kind auf diese Weise helfen, seinen Gefühlen Ausdruck zu verleihen. Oft wird ein wahrer Strom von Gefühlen aus ihm herausbrechen. Seien Sie nicht erschrocken über diese Gefühle, und erlauben Sie Ihrem Kind, seinem Herzen Luft zu machen. Einfühlsame Eltern können auf diesem Gebiet eine große Hilfe für ihr Kind sein.

Wahrheit

Kindern, die alt genug sind, um es zu verstehen, muß man die Wahrheit über ihre Krankheit sagen. Es fällt Eltern schwer, dem Kind mitzuteilen, daß es Krebs oder Leukämie hat. Doch es ist wichtig, daß diese Worte ausgesprochen werden, selbst bei kleinen Kindern. Wenn Sie versuchen, dem Kind die Wahrheit vorzuenthalten, wird es seine Krankheit nicht bewältigen können, sondern sich selbst eine Diagnose zurechtlegen.

Wenn Sie es ihm nicht sagen, wird es das Kind früher oder später selbst herausfinden, und sein Vertrauen in seine Eltern wird schwer erschüttert sein. In der Regel helfen Ärzte den Eltern über diese Hürde, indem sie während der Behandlung die Krankheit mit sachlichen Worten charakterisieren.

Wichtig ist, *wie* man dem Kind die Wahrheit mitteilt.

Ein sechsjähriger Junge hatte eine bösartige Lymphknotengeschwulst. Das Gespräch mit dem Arzt verlief ungefähr folgendermaßen:

Dr. A.: „Weißt Du, weshalb Du hier bist, Robert?"

Robert: „Nein."

Dr. A.: „Möchtest Du gern wissen, was Dir fehlt?"

Robert: „Ja."

Dr. A.: „Robert, Du hast eine Krankheit, die man Krebs nennt. Hast Du mal jemanden gekannt, der Krebs hatte?"

Robert: „Nein."

Dr. A.: „Dein Körper besteht aus vielen Zellen. Wenn Du Dich verwundest, können diese Zellen verletzt werden, so daß einige Körperzellen sich teilen, um den Schaden zu beheben. Bei Krebs teilen sich die Zellen, ohne daß eine Notwendigkeit dafür besteht. In diesem Fall hast Du also zusätzliche Zellen. Mit unseren Behandlungsmethoden versuchen wir, diese Zellteilungen zum Stillstand zu bringen. (Dr. A. fertigte nun ein Schaubild an, um Robert klarzumachen, wie sich die Zellen teilen.) Manchmal haben die Leute Angst vor dem Krebs, weil sie von Menschen gehört haben, die daran gestorben sind. Aber Du brauchst keine Angst zu haben, weil wir versuchen werden, Dich wieder gesund zu machen."

Die Wahrheit kann grausam sein. Aber man kann das Kind auch freundlich und liebevoll über seine Krankheit aufklären. Im Verlauf der Behandlung werden viele Fragen aufkommen. Besonders Kinder im schulpflichtigen Alter möchten meist viel über ihre Krankheit wissen. Ihre Fragen sollten so einfach und ehrlich wie möglich beantwortet werden. Reden Sie jedoch nicht den ganzen Tag von der Krankheit — das würde Ihr Kind nur unnötig belasten.

Sollte die Zeit kommen, da die Aussicht auf Heilung nur gering ist, müssen Sie es dem Kind mitteilen. Nehmen Sie ihm nicht alle Hoffnung, daß doch noch eine Arznei gefunden werden könnte, die ihm hilft. Aber sagen Sie ihm, daß es unter Umständen nicht wieder gesund wird. Wahrscheinlich weiß das Kind ohnehin schon um seinen Zustand. Aber wenn Sie darüber reden können, wird es sein Wissen nicht ganz allein tragen müssen.

Eine Mutter bekannte mir, daß eines ihrer bedeutendsten Erlebnisse der Tag war, an dem sie ihrem Sohn mitteilte, daß er vielleicht nie wieder gesund werden würde.

„Meinst Du, daß ich sterben muß?" fragte er sie.

„Ich weiß darauf keine Antwort, mein Sohn. Aber es ist möglich."

Dann weinten sie beide.

Später sagte er zu ihr: „Danke, Mama. Es tut gut, wenn man jemand hat, mit dem man weinen kann."

Weil Mutter und Sohn dieses schwere Gespräch führen konnten, war es ihnen möglich, freimütig über den Himmel zu reden und über den besonderen Ort, der dort für alle vorbereitet ist, die ihr Vertrauen auf Christus setzen. In den letzten Tagen vor dem Tod des Jungen sprachen sie immer wieder von dem liebenden Retter, der in alle Ewigkeit bei ihm sein würde.

Als ich den Bericht einer Mutter vom Tod ihrer Tochter las, war mir zum Weinen zumute. Elisabeth starb nach zweieinhalb Jahren Behandlung im Alter von sieben Jahren. Die Mutter konnte mit ihrer Tochter nie über den Tod reden. Sie erörterte die Tatsache, daß die Fachleute sich darüber uneins seien, ob man mit einem Kind über den Tod sprechen sollte oder nicht. Einige Psychologen und Psychiater meinten, daß Kinder vor der raschen Wirklichkeit des Todes „geschützt" werden sollten. Andere seien wiederum der Ansicht, daß Kinder die Wahrheit weit besser ertrügen, als wenn man ihnen etwas vorspielt. Traurig las ich: „Ich hatte für Elisabeth weder einen Himmel noch einen persönlichen Gott." Wie schrecklich!

Ich glaube, daß alle Kinder, die sterben, in Gottes liebevoller Fürsorge geborgen sind. Aber es tut mir weh, daß Frau Sherman und Elisabeth diese schlimme Zeit ohne diesen Trost durchlitten.

Kinder haben ihrem Alter entsprechend unterschiedliche Ängste in bezug auf den Tod. Das Vorschulkind versteht oft nicht die Endgültigkeit des Todes, während das Schulkind dazu in der Lage ist.

Die Angst vieler Kinder rührt daher, daß sie den Tod mit dem Wort *Schlaf* in Verbindung bringen. Beim Tod des Großvaters hat man dem Kind vielleicht gesagt: „Opa schläft jetzt." Es hat vielleicht auch einmal gehört, daß jemand „im Schlaf gestorben ist". Deswegen hat das Kind vielleicht Angst vorm Schlafen oder fürchtet, daß es einschlafen könnte. Erklären Sie ihm den Gebrauch des Wortes Schlaf, und versichern Sie ihm, daß ihm nichts geschieht, wenn es schläft.

Kinder haben auch deshalb Angst vor dem Tod, weil sie wissen, daß er sie von geliebten Menschen trennt. Versichern Sie dem Kind, daß Jesus sein allerbester Freund ist, der immer bei ihm sein wird, ganz gleich, was auch geschehen mag. Diese Wahrheit wird dem Kind helfen, mit seiner größten Furcht fertig zu werden — der Angst vor dem Unbekannten.

Kindliche Schuldgefühle

Manchmal fürchtet ein Kind, es sei deswegen krank, weil es irgend etwas Böses getan hat. Ein kleiner Junge hörte im

Fernsehen, daß man durch Rauchen Krebs bekäme. Er war davon überzeugt, daß seine Krankheit nur daher rühren könne, weil er von seinem Vater einige Zigaretten stibitzt und sie geraucht hatte. Krebskranken Kindern muß man klarmachen, daß die Krankheit keine Strafe für irgendwelche Unarten ist. Aber sie sollten auch wissen, daß Gott durch das Vertrauen in Jesus Christus eine Möglichkeit für völlige Vergebung geschaffen hat.

Geschwister

Auch die Geschwister des krebskranken Kindes brauchen Informationen, die ihnen helfen, mit dieser schwierigen Familienlage fertig zu werden.

Es liegt in der Natur der Sache, daß Krebs im Kindesalter ein langfristiges Problem ist. Krisenzeiten und Zeiten, in denen das normale Leben wieder aufgenommen werden kann, wechseln einander ab.

Jüngere und ältere Geschwister müssen wissen, was hier vor sich geht. Wenn man ihnen nicht erklärt, daß der Bruder oder die Schwester eine ernsthafte Krankheit hat, werden sie nicht verstehen, weshalb dem kranken Kind soviel Aufmerksamkeit zuteil wird. Man muß ihnen versichern, daß ihre Eltern sie ebenso liebhaben wie den kleinen Patienten. Eltern müssen sich immer wieder bewußt machen, daß auch ihre anderen Kinder Liebe und Aufmerksamkeit brauchen.

Einem kleinen Kind muß man liebevoll und einfühlsam die Wahrheit sagen. Und zwar in einer Sprache, die es versteht. Das Gespräch könnte etwa folgendermaßen verlaufen (mit Auskünften über die besondere Lage des kranken Kindes):

„Johnny hat eine schlimme Krankheit in seinem Blut, die man Leukämie nennt. Diese Krankheit kann gefährlich sein, und manchmal geschieht es, daß Kinder daran sterben. Wir hoffen, daß Johnny noch lange lebt, aber wir müssen alles tun, um ihm zu helfen.

Johnny wird im Krankenhaus behandelt werden. Manchmal wird es ihm schlecht gehen. Ein anderes Mal wird er sich wieder besser fühlen. Er wird viel Aufmerksamkeit benötigen. Du mußt wissen, daß wir dich genau so liebhaben wie Johnny, selbst wenn wir uns für eine Weile viel mehr Zeit für ihn nehmen müssen."

Wenn die Aussicht auf Heilung schwindet und das Kind kurz vor dem Tode steht, sollten die Geschwister auch das wissen, damit sie nicht von diesem Ereignis unvorbereitet überwältigt werden.

Christliche Eltern können die Kinder mit der Wirklichkeit des Todes vertraut machen und dennoch wirklichen Trost und Hoffnung vermitteln.

Man könnte ein Kind etwa folgendermaßen unterrichten und über den Ernst der Lage aufklären:

„Du weiß ja, daß Johnny sehr krank ist. Er hat bis jetzt immer Medizin genommen, die ihn wieder gesund machen sollte. Manchmal hilft solche Medizin, in anderen Fällen nicht. Wenn Johnnys Medizin ihm nicht hilft, geht er vielleicht früher zu Jesus, als wir dachten. Hilft die Medizin, wird er noch lange bei uns sein. Im Augenblick wissen wir nicht genau, was geschehen wird. Aber wir können Gott vertrauen, daß Johnny glücklich sein wird, wenn er zu Jesus geht, und daß ihm nie mehr etwas weh tun wird."

Es ist erstaunlich, wie sich Kinder verhalten, wenn man ihnen die Wahrheit sagt. Es kann sein, daß Geschwister eines an Leukämie erkrankten Kindes bereitwillig den Schmerz und die seelische Erschütterung einer Knochenmarktransplantation auf sich nehmen. Dieses verhältnismäßig neue Verfahren wird immer häufiger erfolgreich angewandt, obwohl diese Operation nicht in allen Krankenhäusern durchgeführt wird. Entscheidend ist, daß die anderen Kinder am Geschehen beteiligt sein wollen und müssen, wenn auch nicht immer auf so dramatische Weise wie als Knochenmarkspender. Geben Sie Ihren Kindern die Gelegenheit, diese schwere Zeit innerlich mitzuerleben und selbst einen sinnvollen Beitrag zum Familienleben zu leisten.

Stirbt das kranke Kind, sollten meiner Ansicht nach jüngere und ältere Geschwister an der Beerdigung teilnehmen dürfen. So wird den Kindern am ehesten begreiflich, daß ihr Bruder oder ihre Schwester tot ist und nicht mehr wiederkommt. Die Trauerfeier ist für alle Familienmitglieder eine Möglichkeit, ihren Kummer auszuleben und die Wirklichkeit des Todes anzunehmen.

Den Tod zweimal erleben

In seinem an früherer Stelle erwähnten Vortrag sagt Dr. Koop: „Tritt der Tod endlich ein, empfinden die Betreuer im Krankenhaus und die Angehörigen ein Gefühl der Erleichterung. Wenn ein krebskrankes Kind stirbt, verliert die Familie dieses Kind in Wirklichkeit zweimal. Das erste Mal, wenn die Angehörigen begreifen, daß keine Hoffnung auf Genesung mehr besteht. Das zweite Mal, wenn der Tod tatsächlich eintritt. Der erste Tod ist in gewissem Sinne schwerer zu ertragen, der zweite ruft ein Gefühl der Erleichterung hervor. Doch selbst, wenn sich der Krebskranke erholt und von den Ärzten als geheilt bezeichnet wird, durchlebt die Familie, die dieser günstigen Vorhersage noch nicht ganz zu trauen vermag, die gleichen quälenden Monate wie diejenigen, die ihr Kind tatsächlich verlieren."

Das Kind loslassen

Wenn sich christliche Eltern von den quälenden Sorgen befreien wollen, müssen sie einmal zu dem Punkt gelangen, wo sie ihr Kind in einem Willensakt Gottes vollkommener und unfehlbarer Fürsorge anvertrauen. Einige tun das schon zu einem überaus frühen Zeitpunkt, vielleicht schon bei der Geburt des Kindes.

Andere entscheiden sich zu dieser Übergabe, wenn das Kind schwer krank ist. Die meisten Menschen müssen diesen Willensakt mehrmals wiederholen, weil Angst und Sorge die Eltern veranlassen, das, was sie in Gottes Hände gelegt haben, wieder zurückzunehmen.

In jedem Fall ist das Loslassen ihres Kindes schwer für die Eltern. Aber es ist *unumgänglich,* wollen die Eltern in diesem Leben zu einem inneren Frieden kommen.

„Es war einfach qualvoll", berichtet Marie Logan, Mutter einer einjährigen Tochter, die an einem Neuroblastom* litt. „Ich stand dabei und mußte beobachten, wie sich mein Baby

---

*Neuroblastom = Geschwulst aus Neuroblasten (nicht ausgereifte Nervenzellen)

quälte. Es war fast wie ein Traum — nein, ein Alptraum —, was da mit unserem kleinen Mädchen geschah.

Ich wollte in ihrer Gegenwart keine Tränen vergießen, deshalb mußte ich manchmal das Zimmer verlassen — einfach, um mich auszuweinen. In unserem Krankenhaus ist ein Raum, in den man sich zurückziehen kann, wenn man das Bedürfnis hat, allein zu sein. Eines Tages ging ich dorthin, um zu beten.

‚Herr', sagte ich, ‚du weißt, wie sehr ich dieses Kind liebhabe. Ich kann den Gedanken nicht ertragen, daß es von mir genommen werden könnte. Aber ich weiß, daß es in Wirklichkeit dir gehört. Es ist dein Kind. Du hast uns nur erlaubt, eine Zeitlang für sie zu sorgen. Ich danke dir dafür. Ich weiß nicht, was mit ihr geschehen wird. Alles, was ich tun kann, ist, dir zu vertrauen. Ich weiß, daß du sie sogar noch mehr liebst als ich. Deshalb lege ich sie heute völlig in deine Hände. Ich will dir vertrauen, daß du das tust, was für sie am besten ist.'

Der Frieden, den Gott mir in diesem Augenblick schenkte, war überwältigend. Es war, als wäre ich von schweren Ketten befreit worden. Ich ging wieder hinauf und sah mein kleines Mädchen friedlich schlafen.

Sie ist immer noch schwer krank. Die Ärzte halten ihren Zustand für sehr schlecht. Ich weiß, daß sie vielleicht nicht wieder gesund wird. Aber sie ist Gottes Kind, und er weiß, was er mit ihrem Leben vorhat. Darin können wir Trost finden."

Wie viele Geburtstage werden diese kleinen Kinder noch feiern? Niemand weiß das. Aber wissen wir denn, wie viele Tage oder Jahre wir selbst noch zu leben haben? In jedem Fall ist es nicht ratsam, eine Geburtstagsfeier ein paar Monate vorzuverlegen, weil das Kind vielleicht bald stirbt. Feiern Sie nicht Weihnachten im Oktober! Das ist für das Kind, die Eltern und alle Beteiligten ein bedrückendes Erlebnis.

„Jeden Tag werden Kinder durch Autounfälle getötet", meint eine Mutter. „Wir können die Zeit, die uns verbleibt, nicht damit verbringen, daß wir uns darüber Sorgen machen, wann sie vorbei sein wird. Das Leben ist zu kostbar. Wir müssen einfach leben, solange uns das möglich ist. Ich weiß, daß mein Kind Krebs hat, und ich weiß, daß es daran sterben kann. Aber wir wollen von Tag zu Tag leben. Das macht jeden Tag zu etwas ganz Besonderem."

7.

Ist Gott immer gut?

Anne Jones, Mutter eines sechsjährigen Jungen, war zweiunddreißig, als sie den Knoten in ihrer Brust entdeckte. Die Biopsie zeigte, daß die Geschwulst bösartig war, und so wurde ihr sofort die linke Brust abgenommen.

„Anfangs versuchte ich, wirklich tapfer zu sein“, berichtet sie. „Ich wollte allen zeigen, wie gut ich damit fertig werden konnte. Ich wollte die Idealfigur eines mutigen Menschen abgeben. Der Eingriff würde ohne nachhaltige Spuren an mir vorübergehen.

So konnte ich mich eine Zeitlang hindurchwursteln, bis eines Tages alle Kraft von mir wich. Ich brach völlig zusammen, wurde hysterisch, und meine Wut auf Gott brach aus mir heraus.

Ich wollte nicht glauben, daß es einen Gott geben sollte, der einen Menschen eine solche Qual erleiden ließ, wie ich sie durchmachte. Ich war zutiefst verbittert; mein Stolz war verletzt. Ich wollte noch ein Kind, aber die Ärzte verboten mir eine erneute Schwangerschaft. Ich mußte sogar ins Krankenhaus gehen und mich sterilisieren lassen.

Ich fühlte mich so erbärmlich und war auf dem besten Wege, alle, die mit mir zu tun hatten, ebenso unglücklich zu machen. Ich drohte Gott mit der Faust und schrie: ‚Wie *wagst* du es, mir das anzutun — wie *wagst* du es!‘ Es konnte einfach keinen Gott geben, geschweige denn jenen ‚lieben Gott‘, von dem ich immer gehört hatte.

Ich fand mich häßlich, entstellt. Ich nahm an, jeder würde meine Häßlichkeit sehen. Wenn die Leute mich ansahen, dachte ich, daß sie nur sahen, wie entstellt ich war. Ich griff alles und jeden an. Ich haßte alle Menschen. Ich beschimpfte meine Umwelt mit gemeinen, bitteren Worten und einem finsteren Gesicht. Ich wollte alle anderen genauso unglücklich machen, wie ich es selbst war."

Anne wurde mitten in ihrem Elend vor die Frage nach Gott gestellt. Angesichts ihrer schweren Krankheit wollte sie mehr von Gott erfahren. Sie war wütend über das, was mit ihr geschah, und sie war an ihrer Gottesvorstellung irre geworden.

Ist Gott gut?

Ist Gott wirklich gut? Oder ist er böswillig und gemein? Daß das Wesen Gottes einem manchmal rätselhaft erscheint, hat seinen guten Grund. Oft geht unsere Gottesvorstellung auf unsere menschlichen Väter zurück. Wir neigen dazu, Gott so zu sehen, wie wir unseren irdischen Vater erlebt haben. Denjenigen, die gute, wenn auch unvollkommene Väter haben, fällt es leichter, sich Gott so vorzustellen, wie er wirklich ist.

Jeder Mensch ist eine Schöpfung Gottes. Zu seinem Kind werden wir, wenn wir Jesus als persönlichen Retter annehmen. Ist diese Entscheidung gefallen, dann gehört ein Mensch zur Familie Gottes. Wie wunderbar ist es, den Gott des Universums „Vater" nennen zu dürfen.

Als Gott ist er jedoch ein guter und vollkommener Vater — und an diesem Punkt haben wir oft Schwierigkeiten. Wir alle haben bestimmte Vorstellungen von einem guten Vater. Wir wissen, daß ein guter Vater freundlich, gütig, gerecht, liebevoll und vergebungsbereit ist. Wir wissen, daß ein guter Vater seinen Kindern hilft, wenn sie in Not geraten sind. Wir wissen, daß ein guter Vater seinen Kindern Grenzen setzt. Er überläßt sie nicht einfach sich selbst. Wir wissen, daß ein guter Vater sich Zeit nimmt, am täglichen Leben seiner Kinder teilzuhaben, und sich um ihre Angelegenheiten kümmert. Irdische Väter reichen an diese Idealvorstellung nicht heran.

Unsere Gottesvorstellung kann von einem irdischen Vater beeinflußt sein, der zornig, rachsüchtig und nachtragend ist. Ein schwacher und unfähiger Vater oder ein Vater, der zu beschäftigt ist, kann in unserer Vorstellung das Wesen des vollkommenen und unfehlbaren Schöpfers der Welt verdrehen.

Können wir uns Vollkommenheit vorstellen? Können wir Unfehlbarkeit verstehen? Wahrscheinlich nicht. Unsere menschliche Vorstellungskraft ist begrenzt, aber Gott sind keine Grenzen gesetzt.

Die Bibel stellt uns Gott als den Herrscher über die ganze Welt vor. Lewis Sperry Chafer schreibt:

„Die Eigenschaften Gottes lassen uns begreifen, daß er über allem steht. Er beugt sich keiner anderen Macht oder Herrschaft. Er ist von keinem Absoluten abhängig, das größer ist, als er selbst. Er ist in jedem Wesenszug die Vollkommenheit selbst. Er wird von keinem Geschehen überrascht, von niemandem besiegt, und er ist niemals unsicher. Ohne seiner Autorität Abbruch zu tun oder die endgültige Verwirklichung seines vollkommenen Willens aufs Spiel zu setzen, hat es Gott gefallen, dem Menschen ein gewisses Maß an Freiheit zu gewähren. Für das, was er mit dieser Freiheit anfängt, macht Gott den Menschen verantwortlich."

Weil Gott unfehlbar und der Herrscher über alle Dinge ist, dürfen wir wissen, daß nichts unser Leben berühren kann, was über seinen Machtbereich hinausgeht. Jede Einzelheit unseres Lebens befindet sich innerhalb seines Herrschaftsbereichs.

Gleichzeitig ist Gott die Liebe. Merrill Unger beschreibt Liebe als den vornehmsten Wesenszug Gottes, die Eigenschaft, mit der sich alle anderen harmonisch verbinden. Die Liebe Gottes ist mehr als Güte oder Wohlwollen. Güte oder Wohlwollen sind gegen Wesen ohne Verstand gerichtet, die Liebe aber gegen vernunftbegabte menschliche Wesen.

Warum müssen wir leiden?

Aber Anne Jones stellte eine berechtigte Frage. Wenn Gott so gut ist und uns so sehr liebt, warum läßt er dann zu, daß wir leiden? Wie kann ein guter Gott so niederträchtig handeln?

Um diese Frage zu beantworten, müssen wir zu den Anfängen dieser Welt zurückgehen. Die ersten Kapitel der Bibel berichten von diesen Anfängen: von den Anfängen des Universums, des pflanzlichen, tierischen und menschlichen Lebens und unserer Probleme in dieser Welt. Obwohl man sich wegen dieser Kapitel schon die Köpfe heiß geredet hat, sind sie jedoch noch immer die einzig vernünftige Erklärung dafür, *warum* es Leid in dieser Welt gibt.

Wer glauben kann, was in diesen Kapiteln beschrieben wird, ist der Antwort auf die Frage, warum es Leid, Krankheit, Tod und Unglück auf diesem Planeten gibt, schon ein ganzes Stück näher gekommen. Niemand behauptet, daß die Erzählung im ersten Buch Mose ein vollständiger und ausführlicher Bericht von allen Ereignissen jener Tage ist. Aber es ist die Rede von einem allmächtigen Schöpfer. Dieser Allmächtige brauchte nur ein Wort zu sprechen, um unseren Planeten und unser Sonnensystem aus dem Nichts zu erschaffen. Auch die Billionen anderer Sterne und Planeten in einem Weltraum, der so riesig ist, daß es unsere Vorstellungskraft übersteigt, erschienen auf sein Wort hin. Vom unendlichen Weltraum bis zur mikroskopisch kleinen Welt der einzelnen Zelle hat Gott alles geschaffen.

Der Schöpfer liebt uns

Nach alledem ist die erstaunlichste Aussage im ersten Buch Mose, daß dieser Schöpfer aller Dinge den einzelnen Menschen liebt und für ihn Sorge trägt.

Er kennt das unbedeutendste Geschehen in diesem Universum und kümmert sich darum. Er weiß, wie viele Haare wir auf dem Kopf haben. Er weiß, wann ein Spatz vom Baum fällt. Von allem Anbeginn an hat er sich um jeden einzelnen Menschen gekümmert und ihn geliebt.

Gott wollte nicht, daß wir Krankheit und Tod erleben. Er schuf eine vollkommene Welt. Die Rosen trugen keine Dornen. Die kraftvollen Blüten und das üppige Laub erhielten genau das Maß an Feuchtigkeit, das sie benötigten. Luft und Gewässer waren nicht verunreinigt.

Gott schuf den Menschen „zu seinem Bilde", wie es die Bibel sagt, das heißt, sein Wesen gleicht dem seines Schöpfers. Der menschliche Körper wurde aus der Erde geschaffen, aber seine Seele wurde ihm von Gott selbst „eingehaucht". Kein Tier hat eine Seele oder ein Wissen um Gott.

Die Körper von Adam und Eva waren nicht von Pickeln und

Runzeln verunstaltet. Ganz sicher hatten diese beiden keinen Krebs. Sie hatten keine finanziellen Nöte und brauchten sich keine Sorgen zu machen, ob ein Wirbelsturm ihr Haus zerstören könnte. Sie brauchten sich nur nach einem einzigen Gebot zu richten. Gottes Schöpfung war vollkommen. Was ist also geschehen?

Der Ursprung des Leidens

Das erste von Gott geschaffene Menschenpaar war moralisch rein. Diese Reinheit war notwendig, damit sie Gemeinschaft mit Gott haben konnten, der die Heiligkeit in Person ist. Wegen der Heiligkeit seines göttlichen Wesens muß er im umfassendsten Sinne vom Bösen getrennt sein.

Neben ihrer moralischen Reinheit hatten Adam und Eva auch die Freiheit des Willens. Gott hätte sie so erschaffen können, daß es ihnen gar nicht möglich gewesen wäre, zu sündigen. Aber er wollte, daß sie sich aus freiem Willen entscheiden, ihn zu lieben.

Gott schuf den Menschen zu seiner Verherrlichung und um Gemeinschaft mit ihm zu haben. Der Mensch jedoch wollte seinen eigenen Weg gehen. Das erste Menschenpaar lehnte sich gegen Gott auf, indem beide von einem bestimmten Baum aßen. Das scheint in unseren Augen eine geringfügige Übertretung zu sein, aber es führt uns den Ernst der Sünde vor Augen. Jene Sünde schuf eine tiefe Kluft zwischen dem Menschen und seinem Schöpfer. Gottes vollkommener Planet war nun nicht mehr ohne Makel.

Dieser vor langer Zeit geschehene Verstoß gegen Gottes Gebot war ein Wendepunkt in der menschlichen Geschichte. Die Folgen waren katastrophal. Krankheit, Tod und Mühsal verunstalteten das Leben auf dieser Erde. Die Neigung, gegen Gottes Gebote zu verstoßen, wurde von einer Generation zur anderen weitergegeben.

Unsere Rosen tragen Dornen. Wir haben Krebs. Wir bekommen Herzanfälle und leiden seelische Not. *„Denn wir wissen, daß die ganze Schöpfung bis zu diesem Augenblick gemeinsam seufzt und in Wehen liegt“* (Römer 8, 22).

Trotz des großen Elends, das die Sünde in Gestalt menschlichen Leidens auf die Erde brachte, war Gottes Liebe so groß, daß er daranging, die verlorene Menschheit zu erlösen.

Durch alle Jahrhunderte hindurch, vor und nach Golgatha, bleibt Gott der Herrscher über alle Dinge, der uns voller Liebe zu sich zieht. Es hat oft den Anschein, als hätte Gott uns auf dieser von Sünde verunstalteten Erde verlassen und uns in unserem Elend allein gelassen.

Gott läßt uns nicht immer wissen, weshalb bestimmte Dinge geschehen. Wir wissen nicht, warum einem siebzehnjährigen Jungen wegen Knochenkrebs der Arm abgenommen werden muß. Wir wissen nicht, warum ein Mann in seinen besten Jahren an Lungenkrebs stirbt. Wir wissen nicht, warum eine junge Ehefrau und Mutter ihre Brust verliert.

Die Bibel bezeugt uns jedoch an vielen Stellen, daß Fragen und Nöte zu unserem Leben auf diesem Planeten gehören. Jesus bestätigte das mit der klaren Feststellung: *„In der Welt habt ihr Angst"* (Johannes 16, 33).

Aber Gott läßt uns nicht allein mit unserer Sorge und Verzweiflung. In seiner großen Liebe hat er uns einen Weg bereitet, auf dem wir wieder zu ihm kommen können. Dieser Weg führt nicht *aus* unseren Belastungen heraus, sondern *durch* sie hindurch.

8.

Die ewige Hoffnung

Welche Hoffnung bleibt dem Krebskranken? Jeder hofft auf vollständige Genesung und diese Hoffnung geht bei vielen in Erfüllung.

Die Medizin hat in der Krebsforschung große Fortschritte gemacht. Wie schon vorher erwähnt wurde, hatte der Krebskranke vor diesem Jahrhundert fast keine Aussicht auf Heilung. Krebs führte immer zum Tode. Heute werden immer wirksamere Behandlungsmethoden entwickelt, und mehr Krebskranke als je zuvor können auf völlige Gesundung hoffen.

Für andere jedoch ist diese Hoffnung auf völlige Wiederherstellung nicht möglich. Diese Patienten beginnen gefühlsmäßig ihre Hoffnung auf ein anderes Ereignis zu verlagern: Alice hofft, daß sie so lange leben wird, bis ihre Kinder Abitur machen. Jim hofft, daß er noch erleben kann, wie sein Sohn sein Geschäft übernimmt. Barbara möchte noch bei der Hochzeit ihrer Tochter dabei sein.

Doch wenn auch diese Hoffnungen zunichte werden, welche Hoffnung verbleibt dem Kranken, dessen Aussicht auf körperliche Heilung nur noch gering erscheint?

Hoffnung als Heilmittel

Hoffnung ist lebensnotwendig. Dr. S. I. McMillen schreibt von der großen Bedeutung der Hoffnung. Er veranschaulicht mit einem Zweizeiler von Frederick Langbridge, wie unterschiedlich sich Menschen auf dieselben belastenden Umstände verhalten:

„Zwei Menschen sehen durch ein Gitter in die Ferne: der eine sieht den Schmutz, der andre sieht die Sterne."

Viele der ungefähr 31 000 alliierten Soldaten, die in den vierziger Jahren in Japan und Korea eingekerkert waren, konnten nur den Schmutz sehen. Dr. Harold Wolff schreibt, daß diese Gefangenen, obwohl sie genug zu essen bekamen „teilnahmslos und gleichgültig wurden, weder aßen noch tranken, sich in keiner Weise bemühten, ihre Lage zu verbessern, in die Luft starrten und schließlich starben".

Von den 31 000 Gefangenen starben mehr als 8 000. Dr. Wolff stellt fest, daß die Todesursache bei vielen „Verzweiflung und Fehlen von menschlichem Rückhalt und Zuneigung" war.

Dr. Wolff, Chefredakteur einer Fachzeitschrift für Neurologie und Psychiatrie, erklärt: „Hoffnung ist, wie Glaube und Lebenssinn, ein Heilmittel. Das ist nicht nur eine Glaubensaussage, sondern eine Überzeugung, die durch genau überwachte wissenschaftliche Versuche bewiesen wurde."

Wissenschaftler wissen heute, daß wir nicht ohne Hoffnung leben können. Ein Wörterbuch beschreibt Hoffnung als „zuversichtliches Vertrauen". Die Frage ist, auf *was* sich dieses Vertrauen gründen soll. Worauf setzt der Krebskranke sein Vertrauen?

Hofft er, daß der Chirurg alle Krebszellen entfernt hat? Hofft er, daß die Bestrahlung das Wiederausbrechen der Krankheit verhindert? Hofft er, daß die medikamentöse Behandlung die Ausbreitung der Krebszellen aufhält oder daß eine Remission eintritt? Die Antwort liegt auf der Hand. Jeder Krebskranke und seine Angehörigen hoffen, daß diese Maßnahmen ihre Wirkung erzielen. Der Kranke hofft sicher auch, daß die Forschung ein neues Heilmittel für seine Krebsart findet. Diese Hoffnungen sind allesamt berechtigt.

Das Problem ist nur, daß solche Hoffnungen enttäuschen können. Es sind irdische Hoffnungen, das heißt, Hoffnungen auf die Dinge dieser Welt. Wenn wir unsere *ganze* Hoffnung auf die medizinische Wissenschaft setzen, werden wir vielleicht einmal bitter enttäuscht. Es besteht ein großer Unterschied zwischen menschlicher Hoffnung, die sich auf die Dinge dieser Welt gründet und ewiger Hoffnung, die sich auf Gott und sein Wort verläßt. Weil Gott sich uns durch sein Wort offenbart hat, können wir eine persönliche Beziehung zu ihm aufnehmen und vertrauensvoll in eine Zukunft sehen, die in einem irdischen Sinn düster auszusehen scheint.

Wahre Hoffnung

Douglas Evans ist ein Mann, dessen Hoffnung zerbrach. Er glaubte fest an die Fähigkeit des Menschen, Krankheiten heilen zu können. Darauf setzte er sein ganzes Vertrauen, als sich herausstellte, daß er Krebs hatte. Als er allmählich merkte, wie enttäuschend irdische Hoffnungen sein können, rief er Nell Collins zu sich.

Douglas sah aus dem Fenster, und seine Augen füllten sich mit Tränen. Er biß sich auf die Lippen, um nicht weinen zu müssen.

„Es tut gut, sich einmal auszuweinen“, sagte Nell.

Er wischte sich die Augen und schneuzte sich. „Merkwürdig“, sagte er. „Das erste Mal habe ich nicht halb so viel Angst gehabt.“

Das erste Mal war vor zwei Jahren, als er sich wegen hartnäckiger Verstopfung operieren lassen mußte. „Ich war nicht allzu überrascht, als ich erfuhr, daß es Krebs war“, meinte er. „Ich hatte immer wieder Schmerzen und unerklärliche Blutungen. Die Operation war natürlich nicht besonders angenehm, und ich haßte den Gedanken, mit einem künstlichen Darmausgang leben zu müssen. Aber aus irgendeinem Grund verursachte mir der Krebs selbst zu jener Zeit keine allzu große Beunruhigung.

Die Ärzte versicherten mir immer wieder, daß ich, ihrer Meinung nach, gesund werden würde. Meine Frau hat sich wunderbar benommen. Sie lachte und nannte den künstlichen Darmausgang mein ‚tragbares Töpfchen‘. Aber jetzt —“

Nell kannte Douglas seit seiner ersten Operation. Eine Freundin seiner Frau hatte sie gebeten, ihn zu besuchen. Zu jener Zeit war er nicht dafür aufgeschlossen, über geistliche Themen zu reden, deshalb besuchte sie ihn einfach so. Er sagte ihr aber, daß er sich als Atheist betrachte. Er glaube, daß es vielleicht irgendwo einen Gott gebe, war sich aber dessen nicht sicher. Als Junge sei er in den Kindergottesdienst gegangen. Aber er wisse wahrhaftig nicht, wie er die Geschichten, die er dort gehört habe, auf sein Leben anwenden könne. Er käme ganz gut allein zurecht. Er sei ein erfolgreicher Anwalt, habe eine nette Familie, zwei Autos und ein Boot.

„Aber jetzt scheint der Krebs doch ein ernsthafteres Problem zu sein, das dir Furcht einflößt?" fragte Nell Collins.

Er nickte. „Ich habe das Gefühl, daß ich mit meiner Weisheit am Ende bin. Ich bin innerlich völlig zerrissen. Jeder versucht mir Mut zuzusprechen. Meine Frau ist so geduldig und liebevoll! Aber sie kann mir nicht wirklich helfen. Ein Krankenhausseelsorger besuchte mich, und ich versuchte, mit ihm zu reden. Doch er fragte mich nur, was für ein *Gefühl* ich jetzt hätte. Wie denkt der wohl, werde ich mich fühlen? Schlecht, ganz schlecht!"

Er griff nach einer Zigarette. „Der Arzt sagt, es ist jetzt sowieso gleichgültig, ob ich rauche oder nicht." Er zuckte die Achseln, dann warf er die Zigarette wieder auf den Tisch. „Nell", sagte er leise, „ich weiß, du bist Christ, und du machst einen so zuversichtlichen und sicheren Eindruck. Gibt es irgendeine Hoffnung in der Bibel? Irgendeinen Trost? Wie kann ein Mensch von Märchen und Legenden getröstet werden?"

Nell atmete tief durch. Sie betete im Stillen: *„Gib mir die richtigen Worte, Herr!"*

„Douglas", begann sie, „wir kennen einander jetzt ziemlich gut. Du weißt, ich werde ganz ehrlich zu dir sein. Ich kann deine Lage nicht ändern oder deinen Krebs fortnehmen. Ich kann dir mit deiner Chemotherapie Mut machen und dir von Leuten erzählen, bei denen sie Erfolg hatte. Aber ich kann nicht an der Tatsache vorbei, daß sich die Krebszellen ausgebreitet haben. Ich kann dich nicht trösten." Sie blickte ihn offen an. „Aber ich stelle dir jemanden vor, der das kann."

Nell nahm eine kleine Bibel aus ihrer Tasche.

„In diesem Buch liegt der Trost, Douglas. Wirklicher Trost für das Innerste deines Wesens. Dieses Buch besteht nicht aus Legenden und Mythen. Es ist Gottes Wort. Er gab es uns, damit wir ihn kennenlernen können. Es ist seinem Wesen nach anders als alle anderen Bücher. Wenigstens vierzig Menschen hat Gott gebraucht, um dieses Buch zu schreiben. Sie hatten ganz unterschiedliche Berufe — König, Hirte, Arzt, Zolleinnehmer, Fischer. Diese Menschen schrieben in einem Zeitraum von sechszehnhundert Jahren, aber ihr Anliegen war stets dasselbe. Douglas, glaubst du, man könnte vierzig Menschen finden, die sich völlig einig sind?"

Er mußte lachen, als er sich an die Gespräche mit anderen Anwälten erinnerte. „Ich habe nur gesehen, daß die Leute herumdebattieren", entgegnete er.

„Alle Bücher der Bibel kann man zu einem Buch zusammenfassen, weil sie durch ein wichtiges Thema miteinander verknüpft sind: Jesus Christus. Es ist wie die Schnur einer Perlenkette. Nimmt man sie fort, fallen die Perlen auseinander. Viele Menschen versuchen die Bibel zu lesen, ohne ihr Hauptanliegen zu verstehen. Die einzelnen Geschichten scheinen dann so wenig miteinander verbunden, wie die zerstreuten Perlen. Das ganze Buch handelt von Gott und seiner Absicht, uns in Gemeinschaft mit ihm zu bringen. In Offenbarung 4, 11 wird uns gesagt, daß Gott uns geschaffen hat, um ihn zu verherrlichen. Er liebt dich, Douglas, und sein größter Wunsch für dich ist, daß du zu ihm kommst."

Douglas ließ unruhig seine Blicke durchs Zimmer schweifen. *Ich hoffe nur, daß jetzt niemand hereinkommt,* dachte er. *Ein solches Gespräch habe ich noch nie in meinem Leben geführt!*

„Siehst du, Douglas", fuhr Nell fort, „Gott schuf den Menschen, damit er in vollkommener Gemeinschaft mit ihm leben könne. Als der erste Mensch durch seinen Ungehorsam in Sünde fiel, zerstörte er diese wunderbare Beziehung zu Gott nicht nur für sich selbst, sondern für alle nachfolgenden Generationen. Deshalb wird unser Körper krank und stirbt, und das ist auch der Grund, weshalb unsere Seele von Gott getrennt ist. Gott ist heilig und der Mensch ist sündig. Darum besteht eine große Kluft zwischen Gott und dem Menschen."

„Aber ich fühle mich gar nicht so schlecht", meinte Douglas. „Ich habe bei meiner Arbeit versucht, ehrlich zu sein. Ich bin gut zu meiner Familie. Und ich habe versucht, nach hohen moralischen Maßstäben zu leben, zumindest waren sie höher angesetzt als die der meisten anderen Leute. Ich glaube wirklich nicht, daß ich ein so großer Sünder bin."

Nell schlug Römer 3, 23 auf. „Lies das", forderte sie ihn auf: *„Alle haben gesündigt und die Herrlichkeit verloren, die Gott ihnen zugedacht hatte."*

„Wer hat gesündigt?" fragte Nell.

„Alle?"

„Alle. In diesem Vers wird auch gesagt, wie wir gesündigt haben."

„Meinst du, weil wir keinen Ruhm bei Gott haben? Ist das meine Sünde?"

„Keiner von uns reicht an Gottes Vollkommenheit heran, Douglas. Vom übelsten Mörder bis zu deiner lieben Großmutter — alle haben gesündigt. Das sogenannte ‚Gute' im Menschen kann auch im besten Fall nicht an Gottes Heiligkeit heranreichen — nur Christus war dazu imstande. Die Menschen versuchen beständig, Gott durch eigene Anstrengung zu erreichen, indem sie zur Kirche gehen, ‚religiös' oder ‚gut' sind. Unsere Bemühungen genügen einfach nicht, Douglas. So sehr wir uns auch anstrengen, wir werden der Heiligkeit Gottes nie Genüge leisten können."

„Warte mal, Nell. Ich meinte immer, die Religion fordere von uns nur, daß wir gute Menschen seien. Wenn wir nicht gut genug sein können, ganz gleich, wie wir uns anstrengen — das ist ja furchtbar niederschmetternd!"

„Das ist wahr", entgegnete Nell. „Nun hat aber Gott uns so sehr geliebt, daß er eine Möglichkeit erdachte, wie er seine Heiligkeit befriedigen und gleichzeitig mit uns Gemeinschaft haben könnte. Er wurde in Jesus Mensch, wahrer Mensch und wahrer Gott. Jesus wurde geboren, um für die verlorene Menschheit zu sterben. Durch seinen Tod am Kreuz zahlte er die Strafe für alle unsere Sünden. Uns bleibt nur noch anzunehmen, was er bereits getan hat."

„Das kann nicht sein", erwiderte Douglas. „Das ist einfach zu mühelos."

„Es ist einfach, Douglas, aber nicht immer leicht. Es ist so einfach, daß jeder es verstehen kann. Aber wir neigen dazu, es uns schwer zu machen. Wir würden viel lieber selbst etwas tun, als anzunehmen, was Gott bereits getan hat. Es verletzt unseren Stolz, daß wir nichts tun können, um dieses Geschenk zu verdienen. Lies einmal Epheser 2, 8.9: ‚*Denn aus Gnade seid ihr gerettet durch den Glauben; und das nicht aus euch selbst: Gottes Gabe ist es, nicht aus Werken, damit sich niemand rühmen kann.*'

Wenn wir ihn als Retter in unser Herz aufnehmen, sind wir gerechtfertigt und dürfen uns Gottes Kinder nennen. Wenn wir genau wissen, daß wir ihm gehören, dann haben wir die wahre Hoffnung. Es ist eine Hoffnung, die nicht von unseren Umständen abhängig ist, nicht von Biopsieberichten, nicht von Röntgenergebnissen. Sie geht über heute und morgen hinaus. Der Herr öffnet unser Herz, damit wir sein Wort richtig verstehen können. Und das Beste von allem: Wir können dem Tod mit Zuversicht entgegensehen, weil wir wissen, daß wir ewiges Leben haben. Das beginnt in dem Augenblick, wo wir Christus aufnehmen. Der Tod kann uns nicht mehr schrecken!

Wir können wirklich Trost und Hoffnung finden, Douglas. Aber wir müssen Gottes Weg gehen. Möchtest du Jesus als deinen Herrn und Retter aufnehmen?"

„Das klingt gut, Nell, wirklich. Aber ich muß noch etwas darüber nachdenken."

„Das kann ich verstehen. Denke nur immer daran, daß Gott dich liebt und nur das Allerbeste für dich will. Ich werde für dich beten."

Nell überließ Douglas eine kleine Bibel, und er bemerkte, daß sie auf der ersten Seite einige Stellen vermerkt hatte. Douglas hatte nur selten eine Bibel in der Hand gehabt. Doch mit Hilfe des Inhaltsverzeichnisses der biblischen Bücher konnte er langsam und methodisch jeden Vers nachschlagen. Beim Lesen der Bibelstellen wurde Douglas immer aufgeregter.

In Johannes 3, 16 stand, daß Gott die Menschen so sehr geliebt hat, daß er seinen einzigen Sohn dahingab, damit jeder, der an ihn glaubte, nicht verlorenginge, sondern das ewige Leben habe.

In Johannes 1, 12 wurde berichtet, daß ein Mensch Kind Gottes werden konnte, indem er den Sohn annimmt.

Bei Offenbarung 3, 20 wurde ihm deutlich, daß Christus an der Tür seines Lebens steht und anklopft. Er brauchte nur die Tür zu öffnen und Christus würde eintreten.

In 1. Johannes 5, 11.12 stand, daß Gott uns ewiges Leben gibt, und daß dieses Leben in seinem Sohn ist. Wer den Sohn hat, der hat das Leben. Wer den Sohn nicht hat, hat auch das Leben nicht.

In Jesaja 61, 10 las er, daß der Herr ihn mit einem Mantel der Gerechtigkeit kleiden würde. *„Das ist es"*, dachte er. *„Gott hat das alles schon für mich getan! Ja, Herr, Ich bin ein Sünder,* *aber du bist für mich gestorben. Ich nehme das, was du auf Golgatha getan hast, als Bezahlung für meine Schuld an. Trete in mein Leben ein und sei mein Erlöser und Herr. Ich danke dir, Herr, ich danke dir!"*

An jenem Tag entdeckte Douglas Evans die wahre Bedeutung der Hoffnung. Er wußte, daß sein Leben nicht mit dem Tod seines Körpers enden würde, was auch immer geschehen mochte. Er würde in alle Ewigkeit bei Christus sein. Der Tod war lediglich ein Durchgangsstadium von diesem Leben zu etwas viel Herrlicherem.

Douglas entdeckte auch, daß er mit seinem Herrn von einem Tag zum anderen leben konnte. Er wußte, daß er sich auf den Herrscher über alle Dinge verlassen konnte, selbst wenn seine irdischen Hoffnungen zunichte würden.

9.

Unsere menschlichen Gefühle

„Ich harrte des Herrn, und er neigte sich zu mir und hörte mein Schreien. Er zog mich aus der grausigen Grube, aus lauter Schmutz und Schlamm, und stellte meine Füßte auf einen Fels, daß ich sicher treten kann; er hat mir ein neues Lied in meinen Mund gegeben, zu loben unsern Gott. Das werden viele sehen und sich fürchten und auf den Herrn hoffen" (Psalm 40, 2—4).

Die Opfer der Krebsdiagnose befinden sich oft in der „grausigen Grube" der Verzweiflung.

Als Nell Collins erfuhr, daß das Muttermal auf ihrem Rücken ein bösartiges Melanom war, schrie und weinte sie, als sie von der Arztpraxis nach Hause fuhr. Drei Tage lang hatte sie hysterische Schreikrämpfe.

Wie so viele andere Krebskranke war sie der Meinung, daß die Diagnose nur eines bedeuten konnte: Sie würde sterben — und zwar bald.

Es geschieht zwar manchmal, daß Krebskranke bald nach der Diagnose sterben. Aber Hunderttausende kehren nach Diagnose und Behandlung zu einem ausgefüllten arbeitsreichen Leben zurück. Über 1,5 Millionen Amerikaner, bei denen vor fünf oder mehr Jahren Krebs festgestellt und behandelt wurde, sind heute wieder wohlauf. Sie werden als geheilt betrachtet und führen ein normales aktives Leben.

Millionen anderer Krebspatienten leben jedoch jahrelang mit ihrer Krankheit. Mit wiederholten Operationen, verschiedenen Behandlungsmethoden, Medikamenten und einem starken Lebenswillen kämpfen sie in jedem Augenblick ihres Lebens gegen den Krebs. Die Anzahl derer, die diese Schlacht verlieren, ist jedoch viel größer als die Zahl derer, die geheilt werden.

Es erfordert viel Mut, über Jahre hinaus Krebspatient zu sein. Einen heimtückischen Feind zu bekämpfen, der nicht greifbar ist und verhältnismäßig unbekannt bleibt, wird zu einer seelischen wie körperlichen Belastung.

Negative Gefühle

Der Krebskranke und seine Angehörigen sind oft entmutigt, niedergeschlagen und ängstlich. An manchen Tagen wird die Furcht übermächtig. Es gibt Zeiten, in denen der Kranke nicht mehr mit der Wirkung seiner Behandlung rechnet und seinen ganzen Mut sinken läßt. Ein anderes Mal empfindet er ungeheuren Groll, daß ihm etwas so Schreckliches hat zustoßen müssen.

Wir alle erleben die ganze Bandbreite menschlicher Gefühle: Traurigkeit und Freude, Haß und Liebe, Angst und Gelassenheit. Einige dieser Gefühle sind gut und heilsam, andere schwächend und zerstörend.

Gefühle wie Niedergeschlagenheit und Traurigkeit sind nicht immer schlecht. Jesus war in Gethsemane sehr betrübt — er weinte, er stöhnte, und er fühlte sich von Gott zurückgestoßen und verlassen. Gott hat uns auch unsere Gefühle gegeben. Hätten wir nie Kummer — wie könnten wir dann die Freude erkennen?

Sorge und Angst sind menschlich. Sie setzen in manchen Lagen wie ein Reflex ein. Wenn unmittelbar vor meinem Auto ein Sattelschlepper einschwenkt, werde ich es sicherlich mit der Angst zu tun bekommen. Es wäre auch unnatürlich, nach einer Krebsdiagnose keine Angst zu empfinden.

Natürlich wird ein junger Mensch, der einen Gehirntumor hat, niedergeschlagen sein. Er sieht seine gesunden und fröhlichen Freunde und fühlt sich um sein Leben betrogen. Er wäre kein Mensch, würde er in einer solchen Lage keine Verzweiflung empfinden.

Jeder Mensch hat einmal ungute Gefühle. Die Gefahr ist nur, daß sie uns beherrschen, uns unserer Freude berauben und unsere Gemeinschaft mit dem Herrn zerstören können.

Selbst Christen, die eine enge Gemeinschaft mit ihrem Herrn hatten, werden von solchen negativen Empfindungen überwältigt. Familienangehörige sind oft überrascht, einen normalerweise ausgeglichenen Christen in Wut ausbrechen oder in tiefe Niedergeschlagenheit sinken zu sehen.

Andere versuchen, ihre wahren Gefühle zu überspielen, damit die Angehörigen sich nicht aufregen. Typisches Beispiel für einen solchen Patienten ist eine Mutter, die versucht, ihre Familie vor allem Unangenehmen zu beschützen. Die Angehörigen versuchen nun ihrerseits, den Kranken vor allem fernzuhalten, was ihn aufregen könnte. Das Ergebnis ist, daß jeder Theater spielt und praktisch keine Gemeinschaft zustande kommt. Die Familienangehörigen reden sich selbst ein, daß der Kranke „gut damit fertig wird“. Wer sich nicht bewußt mit seinen negativen Gefühlen auseinandersetzt, verstrickt sich mit der Zeit so sehr darin, daß es dann fast nicht mehr möglich ist, einen klaren Blick zu bekommen.

Einige Christen meinen, daß sie ihre negativen Gefühle mit Hilfe ihrer großen Selbstbeherrschung in den Griff bekommen. Sie ballen die Fäuste, beißen die Zähne zusammen und murmeln mit zusammengekniffenen Lippen: „Ich will mich nicht ärgern. Ich will keine Angst haben.“ Wie sehr wir uns auch bemühen, unsere Selbstbeherrschung ist unseren negativen Gefühlen nicht gewachsen. Nur Gott allein hat Macht über sie. Sein Heiliger Geist lebt in jedem Gläubigen, und er hat die Kraft, diese Empfindungen zu besiegen. Aber der Kranke muß sich eingestehen, daß er aus eigener Kraft nichts ausrichten kann. Er muß dem Heiligen Geist erlauben, sein ganzes Leben — einschließlich seiner Gefühle zu beherrschen.

Besonders Christen meinen oft, daß negative Gefühle falsch sind, und wollen daher nicht zugeben, daß sie solche Empfindungen haben. Daß wir unsere Gefühle leugnen, befreit uns jedoch nicht von ihnen. Die Gefühle werden lediglich ins Unterbewußtsein verdrängt.

Will der Kranke ein negatives Gefühl bewußt angehen, gilt es, fünf Dinge zu beachten: 1. Er muß es als solches erkennen. 2. Er muß es sich selbst eingestehen. 3. Er muß es mit den Augen Gottes sehen. 4. Er muß es, wenn es Sünde ist, als solche bekennen. 5. Er muß Gott bitten, das negative Gefühl mit der Kraft seines Heiligen Geistes durch positive zu ersetzen. Welcher Art sind diese negativen Gefühle, gegen die ein Krebskranker ankämpfen muß?

Angst

Jeder Krebskranke empfindet Angst. Ein Wörterbuch erklärt Angst als „schmerzhaftes Bewußtsein einer bevorstehenden Gefahr". Angst hat viele Gesichter: Unruhe, Zweifel, Furchtsamkeit, Unentschlossenheit, Aberglaube, Verschlossenheit, Einsamkeit, übermäßig forsches Auftreten, Sorge, Minderwertigkeitsgefühle, Feigheit, Niedergeschlagenheit, Überheblichkeit, Scheu. Manchmal ist unsere Angst so groß, wie wir uns vor ihr fürchten.

Eileen Tiedt beschreibt diesen Vorgang in einem Fachblatt: „Die Menschen verhalten sich ganz unterschiedlich auf Furcht und Angst. Manche ziehen sich in sich selbst zurück, andere werden niedergeschlagen, wieder andere anspruchsvoll. Der Patient befürchtet, daß er durch seine große Angst und Beklemmung die Beherrschung über sein Gefühlsleben verlieren könnte. Der Verlust der Selbstbeherrschung ist eine ernsthafte Bedrohung der Charakterstärke eines jeden Menschen. Der durch die ursprüngliche Angst hervorgerufene Mangel an Selbstbeherrschung verstärkt diese Angst, und der Teufelskreis beginnt."

Vielleicht haben Sie auch Angst vor Gott. Wenn Sie nur an den „Zorn Gottes" denken, haben Sie eine unvollständige Vorstellung von seinem Wesen. Er ist sowohl vollkommene Gerechtigkeit als auch vollkommene Liebe. Diejenigen, die seine Bedingungen nicht annehmen, haben guten Grund, ihn zu fürchten. Doch die, die durch seinen Sohn seine Liebe und Freundlichkeit kennengelernt haben, wissen, daß in der Liebe keine Furcht ist.

Es ist hilfreich, sich Bibelverse einzuprägen, die man sich ins Gedächtnis rufen kann, wenn einen die Angst überfällt. Elsa konnte wegen ihres Lungenkrebses oft nicht mehr atmen, und sie geriet in solchen Augenblicken in große Panik. Sie lernte etliche Bibelstellen auswendig. An diese Bibelstellen erinnert sie sich in diesen beängstigenden Lagen, und sie helfen ihr, wieder ruhig zu werden:

„Fürchte dich nicht, denn ich habe dich erlöst; ich habe dich bei deinem Namen gerufen; du bist mein! Wenn du durch Wasser gehst, will ich bei dir sein, daß dich die Ströme nicht ersäufen sollen; und wenn du ins Feuer gehst, sollst du nicht brennen, und die Flamme soll dich nicht versengen. Denn ich bin der Herr, dein Gott, der Heilige Israels, dein Heiland" (Jesaja 43, 1—3).

„Gott ist unsere Zuversicht und Stärke, eine Hilfe in den großen Nöten, die uns getroffen haben. Darum fürchten wir uns nicht, wenngleich die Welt unterginge und die Berge mitten ins Meer sänken" (Psalm 46, 2.3).

„Denn Gott hat uns nicht den Geist der Furcht gegeben, sondern den Geist der Kraft und der Liebe und der Besonnenheit" (2. Timotheus 1, 7).

„Wenn ich mich fürchte, so hoffe ich auf dich" (Psalm 56, 4).

Ärger

„Ich ballte meine Fäuste gegen Gott und *schrie ihn an* —"

Es ist eine ganz normale Reaktion, wenn Sie wegen Ihrer Krankheit zornig sind. Vielleicht richtet sich Ihr Ärger gegen Gott, weil er es zugelassen hat, daß Sie Krebs haben.

Ärger kommt auf unterschiedliche Weise zum Ausdruck: Neid, Unduldsamkeit, Kritik, Rachegelüste, Haß, Auflehnung, Eifersucht, Unversöhnlichkeit, Bitterkeit, Empörung, Wut, Streitsucht.

Wenn Sie sich über Gott ärgern, bauen Sie eine Mauer des Unwillens auf, die nicht nur Ihre Gemeinschaft mit ihm, sondern auch die mit Ihren Mitmenschen beeinträchtigt.

Die Bibel kennt zwei Arten von Zorn. Göttlicher Zorn über die Sünde ist nicht dasselbe wie menschlicher Zorn, der in der Regel die Folge von Ichbezogenheit ist.

Wenn wir uns über Gott ärgern, weil er zugelassen hat, daß wir Krebs bekommen, so sagen wir damit: „Herr, was du hier tust, das lehne ich ab. Du hast zugelassen, daß mir eine so schreckliche Sache zustößt. *Ich bin ganz und gar nicht damit einverstanden."*

Psychologen haben entdeckt, daß unbewältigter Ärger immer eine der Ursachen für Depressionen ist und in der Regel auch bei anderen seelischen Krankheiten eine Rolle spielt. Die Ärzte sehen heute eine unmittelbare Verbindung zwischen Ärger und vielen körperlichen Krankheiten, wie Magengeschwüren, hohem Blutdruck oder Herzbeschwerden.

Um den Ärger zu bewältigen, muß man ihn sich erst selbst eingestehen. Ärger, den man verleugnet, führt auf heimtückische Art zu innerem Unwillen. Ein Mensch kann inneren Groll hegen, ohne sich dessen bewußt zu sein.Wenn man den Zorn vor sich selbst zugibt und ihn, wenn er Sünde ist, vor Gott bekennt, wird er sich zerstreuen.

Depressionen

Depression ist eine große Not unserer Gesellschaft. Beruhigungs- und Aufputschmittel werden in riesigen Mengen verkauft. Es werden also nicht nur Krebspatienten von Depressionen befallen. Nach einigen Tagen oder Wochen rufen die Beruhigungsmittel oft selbst Depressionen hervor.

Die Nachrichten in Radio oder Fernsehen reichen schon, um einen Menschen zu bedrücken. Die Welt ist voller Traurigkeit und Elend.

Natürlich kann die Depression von einer körperlichen Mißbildung oder einer chemischen oder hormonellen Unausgewogenheit herrühren. Lassen Sie sich zuerst einmal untersuchen, ob eine körperliche Ursache für Ihre Depression vorliegt! Auch starke Medikamente rufen oft Depressionen hervor.

Meistens liegt die Ursache der Depression jedoch im geistig-seelischen Bereich. In der Regel ist sie die Folge von unbewältigtem Ärger oder Angst.

Im allgemeinen neigen wir Menschen entweder zu Ärger oder zu Furcht. In einer gegebenen Lage wird der eine mit Ärger, der andere eher mit Angst arbeiten.

Angst und Ärger sind starke Gefühle. Sie führen — wenn sie unterdrückt werden — zu Drepessionen.

Will man einem Betroffenen helfen, gilt es zunächst, die Ursache der Depression herauszufinden. Dr. Roy W. Menninger schreibt: „Man kann keinen Menschen aus seiner Depression befreien, indem man ihn aufheitert oder beschämt. Bei den meisten Menschen ist die Depression ein Ausdruck für unterdrückten Ärger. Diese Menschen haben es aufgegeben, ihrem Ärger Ausdruck zu verleihen."

Tim LaHaye schreibt, daß die Krankheit selbst eine der Hauptursachen der Depression ist: „Wann ein Mensch zusammenbricht, hängt von der individuellen körperlichen Beschaffenheit ab. Wir haben schon gesehen, daß manche Menschen mehr Streß oder streßerzeugende Umstände ertragen als andere. Aber wie groß auch ihr Durchhaltevermögen sein mag, es wird durch die Krankheit herabgesetzt. Langwierige Krankheiten machen den Menschen noch verwundbarer . . . Wenn ein Mensch durch Krankheit geschwächt und entkräftet ist, werden Probleme, mit denen er normalerweise leicht fertig würde, zu einer riesigen Last. In Krankheitszeiten verfällt man am ehesten in Selbstmitleid."

Schwere Depression kann zur Verzweiflung führen. Der Gedanke an die Zukunft mit all ihrer Unsicherheit ist für manche Menschen nicht mehr zu ertragen. Der Kranke gelangt dann oft zu dem Punkt, an dem er meint, seine Familie wäre ohne ihn besser dran. Er hat das Gefühl, es wäre für alle Beteiligten besser, er würde gleich aus dem Fenster springen.

Wenn Sie denselben Gedanken haben, so bitte ich Sie inständig, bei Christus die Antwort auf Ihre Depression zu suchen. Er kann Ihnen Hoffnung geben, er allein vermag Ihre Not zu stillen.

Selbstmord bereitet den Angehörigen einen viel größeren Kummer als jede andere Todesursache. Gerade die, denen Sie Ihr langsames Dahinsiechen ersparen wollen, werden viel mehr leiden, wenn Sie sich selbst das Leben nehmen. Sie werden mit einem ständigen Schuldgefühl leben müssen.

Gott hat etwas Wunderbares mit Ihnen vor. Ihre Lage mag nach menschlichen Gesichtspunkten grauenhaft und hoffnungslos erscheinen, aber Gott kann Sie in herrlicher Weise gebrauchen.

Entmutigung

Armin Gesswein erzählt die Geschichte zweier Frösche: „Sie waren beide in einen großen, mit Sahne gefüllten Topf gefallen. Ein Frosch fing sogleich an, zu quaken. Sofort ging er unter. Der zweite Frosch sagte sich: ‚Wenn ich schon versinken muß, dann nicht ohne Kampf.' Er trat, paddelte und machte heftige Bewegungen . . . und plötzlich merkte er, daß er auf festem Grund stand — die Sahne war zu Butter geworden! Mit welchem Frosch sind Sie zu vergleichen?"

„Fürchte dich nicht und laß dir nicht grauen" (5. Mose 1, 21).

„Laßt uns alles ablegen, was uns beschwert, auch die Sünde, die uns ständig umstrickt (könnte es die Verzagtheit sein?). *Laßt uns mit Ausdauer in dem Wettkampf laufen, der uns bestimmt ist, und dabei auf Jesus sehen, den Begründer und Vollender des Glaubens"* (Hebräer 12, 1.2).

Zweifel

Die Krankheit bewirkt oft, daß wir Dinge hinterfragen, die wir vorher als selbstverständlich hingenommen haben: Gibt es überhaupt einen Gott? Liebt er mich? Wie hat er meine Krankheit zulassen können? Ist Christus der einzige Weg zu Gott?

Gott möchte, daß wir ihn ernsthaft suchen. Der christliche Glaube ist auf geschichtliche Tatsachen, nicht auf menschliche Mutmaßungen gegründet. Er wird auch einer genauen Prüfung standhalten. Stellen Sie Fragen und suchen Sie nach Antworten. Reden Sie mit Gott über Ihre Zweifel und Fragen! Bitten Sie ihn um die Weisheit, die Sie zu ihm führen wird! Suchen Sie in der Bibel nach Antworten auf Ihre Fragen! Ihre Fragen und Ihr Vertrauen, daß Gottes Wort die Wahrheit ist, stellen Ihre Beziehung zu Gott vielleicht auf eine völlig neue Ebene.

Es ist gut, ehrliche Fragen zu stellen. Doch man kann es sich auch zur Angewohnheit machen, unentwegt alles in Frage zu stellen (und nichts mehr zu glauben). Diese Gewohnheit aufzugeben, fällt schwer.

Auf manche Ihrer Fragen werden Sie keine Antwort finden, weil Gott uns nicht alles enthüllt. Viele Dinge werden uns in dieser Welt ein Geheimnis bleiben, sowohl im körperlichen wie im geistig-seelischen Bereich. *„Was verborgen ist, ist des Herrn, unseres Gottes; was aber offenbart ist, das gilt uns und unseren Kindern ewiglich"* (5. Mose 29, 28).

Gott hat uns so viel von sich enthüllt, daß auch ein intellektueller Geist befriedigt werden kann. Vieles bleibt jedoch im Verborgenen. Wir müssen glauben, ohne alles zu verstehen.

Wie oft können wir mit dem von Schmerz gequälten Vater sprechen, der Jesus bat: *„Ich glaube, hilf meinem Unglauben!"* (Markus 9, 24.)

Sorge

Sorge nagt an Herz, Seele und Geist. Sie stört unser Wohlbefinden. Krebs wird immer von Sorge begleitet: es liegen noch so viele Dinge im dunkeln; es müssen noch zahlreiche Tests durchgeführt werden; die Untersuchungsergebnisse lassen so lange auf sich warten.

Eine krebskranke Mutter überlegt, wer wohl ihre Kinder versorgt, solange sie krank ist oder wenn sie stirbt. Krebskranke haben auch Angst vor körperlicher Verunstaltung. Die größte Sorge von brustamputierten Frauen ist die Reaktion ihrer Männer auf diese Operation.

Jeder Krebskranke erhofft sich Heilung. Aber es bleibt in jedem Fall die ständige Sorge, der Krebs könne eines Tages wieder ausbrechen. Allgemein gilt ein Patient als „geheilt", wenn fünf Jahre lang kein weiteres Anzeichen für Krebs auftritt. Das ist jedoch nur eine Faustregel. Es ist auch schon vorgekommen, daß die Krankheit nach dieser Zeitspanne wieder ausbricht. Leider muß jeder Krebskranke eine bestimmte Zeit abwarten, ob er als „geheilt" angesehen werden kann oder nicht. Während dieser Zeit sorgt er sich natürlich sehr.

Die Sorge kann einen Menschen zermürben. Die Bibel bietet uns jedoch eine Alternative an: *„Sorgt euch um nichts, sondern in allen Dingen laßt eure Bitten in Gebet und Flehen mit Danksagung vor Gott kommen! Und der Friede Gottes, der höher ist als alle Vernunft, wird eure Herzen und Gedanken bewahren in Christus Jesus"* (Philipper 4, 6.7).

Reue oder Gewissensbisse

„Wäre ich nur schon früher zum Arzt gegangen —"

„Warum habe ich so gemeine Dinge zu ihm gesagt — ich hätte wissen sollen, daß er krank ist —"

„Wenn — wenn — wenn —"

Reue ist ein sinnloses Gefühl. Man kann die Dinge nicht mehr ungeschehen machen. Was vorbei ist, ist vorbei. Keine Selbstbeschuldigung kann Vergangenes ändern. Reue und Gewissensbise sind verhüllte Schuldgefühle. Werden diese Gefühle nicht verarbeitet, führen auch sie zur Depression. Im zwölften Kapitel wird der Unterschied zwischen Schuld*gefühl* und *tatsächlicher* Schuld dargestellt.

Natürlich haben Sie Fehler gemacht. Wir alle machen Fehler, und manche haben schwerwiegende Folgen. Sicher haben Sie zu jeder Zeit gemäß der Ihnen zur Verfügung stehenden Informationen die bestmögliche Entscheidung getroffen.

Reue und Gewissensbisse können einen Menschen völlig beherrschen. Wenn Sie etwas Falsches gesagt oder getan haben, bekennen Sie es Gott und *nehmen Sie seine Vergebung an!*

Reue scheint eher ein Problem der Angehörigen, als des Kranken selbst zu sein. Eine Mutter macht sich Vorwürfe wegen tatsächlicher oder eingebildeter Fehler und gibt sich am Ende selbst die Schuld an der Krankheit ihres Kindes. Das ist ungeheuer qualvoll und dabei völlig sinnlos.

Als Christ können Sie die ganze Lage vor Gott bringen, sie ihm überlassen und darauf vertrauen, daß er auch Ihr Versagen zum Guten wenden kann.

10.

Über unsere Verhältnisse leben

Der Krebspatient erlebt viele Dinge, die ihn niedergeschlagen machen: medizinische Geräte und Apparaturen, Übelkeit, Schmerzen, Schwäche, tränennasse Gesichter von Angehörigen, Angst bei aufkommenden Schmerzen (es könnte der Krebs sein), Krankenhäuser, Wartezimmer, Behandlungsräume. Man schließt neue Freundschaften und hört dann von der Beerdigung dieser Menschen.

Auch die Angehörigen erleben eine schwere Zeit.

Wenn wir auf unsere Umstände sehen, können unsere negativen Gefühle eine solche Macht über uns gewinnen, daß wir in tiefe Verzweiflung geraten.

Auch Christen erleben die im letzten Kapitel beschriebenen Gefühle. Aber sie können — im Gegensatz zu anderen — diese negativen Empfindungen zu besiegen.

Der alte Adam

Jeder, der in diese Welt geboren ist (ausgenommen Christus), hat das, was die Bibel den „alten Adam" nennt. Ein anderer Ausdruck für diesen Zustand ist „das Fleisch" (was sich jedoch nicht auf unseren Körper bezieht). „Das Fleisch" ist der Teil unseres Wesens, der sich gegen Gott auflehnt.

Der „alte Adam" bewirkt, daß wir selbst unser Leben in die Hand nehmen. Dieser Zustand ist die Ursache der Sünde, der Auflehnung oder der Gleichgültigkeit gegenüber Gott. Er bewirkt auch, daß der Mensch selbst die Lösungen für alle seine Probleme sucht.

Diese Aufwertung unserer eigenen Fähigkeiten führt dazu, daß wir die Antworten auf unsere Fragen im menschlichen Bereich suchen. Wenn man überhaupt an einen Gott glaubt, dann denkt man an ihn als an ein Wesen, das weit weg ist und sich nicht um unsere Belange kümmert.

Ein Christ ist jemand, der die Sinnlosigkeit eines selbstherrlichen Lebens erkannt hat. Er hat begriffen, daß er durch eigene Anstrengung nicht Gottes absolute Maßstäbe erreichen kann. Deshalb hat er Christus als seinen Erlöser und Herrn angenommen. Mit dieser Entscheidung wird das eigene „Ich" entthront, und Christus wird zum Herrscher unseres Lebens. Gott selbst wohnt nun in Gestalt des Heiligen Geistes in uns. Eine immerwährende Gemeinschaft zwischen uns und Gott hat begonnen. Paulus spricht in Römer 8, 38.39 von dieser Beziehung zwischen Mensch und Gott: *„Denn ich bin gewiß, daß weder Tod noch Leben, weder Engel noch Mächte noch Gewalten, weder Gegenwärtiges noch Zukünftiges, weder Hohes noch Tiefes noch irgendein anderes Geschöpf uns scheiden kann von der Liebe Gottes, die in Christus Jesus ist, unserm Herrn."*

Der neue Mensch

Der Christ hat ein neues Wesen bekommen. *„Darum: Ist jemand in Christus, so ist er eine neue Schöpfung; das Alte ist vergangen, siehe, ein Neues ist geworden"* (2. Korinther 5, 17).

Jeder, der an Christus glaubt, hat den Heiligen Geist. Der uns innewohnende Geist Gottes, der auch oft der „Tröster" genannt wird, verherrlicht Christus und verwandelt unser Leben.

Warum sind dann viele Christen so unglücklich und verzagt?

Die Schwierigkeit besteht darin, daß der Christ sein altes Wesen nicht verliert. Solange sein irdischer Leib besteht, ist die Möglichkeit zur Sünde gegeben. Oft werden wir wieder selbst unser Leben in die Hand nehmen wollen. Gott kann jedoch zu seiner Verherrlichung mit schwachen und fehlbaren Menschen seine großen Werke zustande bringen. Deshalb sagt Paulus in 2. Korinther 4, 7: *„Wir haben aber diesen Schatz* *in irdenen Gefäßen, damit offenbar wird, daß die überschwengliche Kraft von Gott kommt und nicht von uns."*

Der Christ, der sein Leben nicht von Christus beherrschen läßt, in dessen Leben Christus nicht der Mittelpunkt ist, wird in der Bibel als „fleischlich" bezeichnet. Das bedeutet, daß das eigene „Ich" wiederum die Herrschaft über das Leben gewonnen hat und der Mensch wieder völlig von sich selbst in Anspruch genommen wird. Dieser Zustand äußert sich unterschiedlich — von einer offensichtlichen Sünde bis dahin, daß sich der Mensch von negativen Gefühlen beherrschen läßt. In jedem Fall steht unser „Ich" im Mittelpunkt des Lebens. Als Paulus die Not des fleischlichen Christen in Römer 7 beschreibt, benutzt er über vierzigmal die Pronomen „ich", „wir", „mich" und „mein". Er faßt den jämmerlichen Zustand des fleischlichen Christen in dem Satz zusammen: *„Ich elender Mensch!"* (Römer 7, 24.)

Der unbeständige Mensch

Unser altes Wesen hat einen großen Einfluß auf unsere Gefühle. Wenn das eigene „Ich" unser Leben regiert, sind wir Gefangene unserer ungünstigen Lebensumstände. Die Folge sind Sorge, Angst, Ärger, Schuldgefühle, Zweifel, Unmut, Niedergeschlagenheit, Verbitterung — zerstörerische Gefühle, die uns innerlich zerstören.

Viele Christen fechten einen ständigen Kampf zwischen ihrem alten und ihrem neuen Wesen aus. Jakobus schreibt, daß ein solcher Mensch „unbeständig auf allen seinen Wegen" ist (Jakobus 1, 8). Dieser Geisteszustand erinnert an einen Zug, der von zwei Lokomotiven in entgegengesetzte Richtungen gezogen wird.

Ein krebskranker Christ, der nicht um diesen ungeheuren Kampf zwischen unseren beiden Naturen weiß, mag über seine eigenen Gefühle erschrecken.

Larry Gordon ist ein Beispiel dafür: „Ich war schon mehrere Jahre lang Christ", berichtet er, „bevor man Lungenkrebs bei mir feststellte. Ich hatte viele Vorstellungen, wie ein Christ ‚sein sollte'. Vor dieser Diagnose verlief mein Leben in ruhigen Bahnen. Natürlich geschah es, daß mein Temperament mit mir durchging oder ich mir Sorgen über einen Geschäftsabschluß machte. Aber es gab nichts, womit ich nicht aus eigener Kraft fertig geworden wäre.

Doch als der Arzt mir diese Diagnose stellte und mir noch mitteilte, daß die Krebszellen sich schon auf andere Organe ausgebreitet hätten — da brach ich völlig zusammen. Ich war so niedergeschlagen, daß ich weder reden, noch essen, noch schlafen konnte.

Schlimmer noch als diese Depression war jedoch, daß ich mich deswegen *schuldig* fühlte. Ich dachte, Christen müßten immer fröhlich sein können, gleichgültig in welcher Lage sie sich befinden. Ich hatte von den christlichen Märtyrern gehört, die in die Löwengrube geworfen wurden und angesichts der brüllenden Löwen Loblieder sangen. Dieser Krebs war für mich ein brüllender Löwe. Aber ich habe nicht gesungen."

Gottes Hilfe

Larry erkannte nicht die Macht des alten Adams, der ihn mehr oder weniger zum Sklaven dieser Gefühle machte. Nach einem Besuch von Nell Collins begann er zu begreifen, daß Gott Vorkehrungen für seine Verzweiflung getroffen hatte.

„Du weißt, Larry", sagte Nell, „Gott versteht uns viel besser, als wir uns selbst verstehen. Er möchte unsere Not stillen, was immer es sei. In 1. Johannes 1, 8 steht, daß wir uns selbst betrügen und die Wahrheit nicht in uns ist, wenn wir sagen, wir hätten keine Sünde. Das bedeutet, daß auch ein Christ sündigt. Ob uns das Wort *Sünde* gefällt oder nicht: wir müssen wissen, daß alles, was nicht aus dem Glauben geschieht, Sünde ist. So steht es in Römer 14, 23. Glaube aber ist *Vertrauen* zu Gott. Unser Zweifel, unsere Angst, unsere Niedergeschlagenheit zeigt nur einen Mangel an Vertrauen in den Gott des Universums, der der Herrscher über alle Dinge ist."

Nell erklärte Larry, daß Gott uns eine einfache Antwort auf diese Frage gibt. Wir werden von unserer Schuld befreit, wenn wir Gottes Zusage in 1. Johannes 1, 9 in Anspruch nehmen: *„Wenn wir aber unsre Sünden bekennen, ist er treu und gerecht und vergibt uns die Sünden und macht uns rein von aller Ungerechtigkeit."* Bekennen heißt einfach, diese unguten Gefühle als das zu sehen, was sie in Gottes Augen sind. Wir brauchen Gottes Vergebung nicht zu erbetteln.

„Als Christus am Kreuz starb", fuhr Nell fort, „dauerte es noch fast zweitausend Jahre, bis deine und meine Sünden geschehen sind. Er starb für alle unsere Sünden. Als Christen brauchen wir nicht daran zu zweifeln, ob Gott uns vergeben wird.

Doch solange wir uns selbst entschuldigen und sagen: ‚So bin ich eben' oder unsere Einstellung verteidigen: ‚Ich habe ein Recht, so zu empfinden' — solange werden unsere negativen Gefühle uns weiterhin beherrschen. Gott möchte, daß wir diese Gefühle ehrlich und bewußt als das erkennen, was sie sind. Er möchte, daß wir bekennen: ‚Ja, Herr, ich bin bedrückt, weil ich kein Vertrauen zu dir habe. Ich danke dir für deine *völlige Vergebung.*'"

Vertrauen auf Gott

Ursache der Depression ist oft die *Angst.* Manchmal ist diese Angst auch Angst vor Gott und vor dem, was er uns antun könnte. Das ist eine traurige Vorstellung vom Wesen Gottes. Er *liebt* uns und hat das Allerbeste mit uns vor. Auch diese Art von Angst ist Zeichen eines mangelnden Vertrauens.

Es erstaunt uns manchmal, wie begrenzt unsere Kenntnisse über Krebs sind und wie oft die Ärzte zugeben müssen, daß sie mit ihrer Weisheit am Ende sind. Viele Krebskranke sind völlig verzweifelt, wenn die Ärzte nicht mehr wissen, welche Behandlungsmethode in ihrem besonderen Fall angebracht ist.

Deshalb gilt es, von *ganzem Herzen* auf den Herrn zu vertrauen. Wenn wir uns auf unseren eigenen unvollkommenen Verstand verlassen, sind wir in der Tat schlecht beraten.

Was aber bedeutet die Aufforderung: *„Verlaß dich auf den Herrn!"*?

Christen führen diesen Satz so oft im Munde, daß er schon abgedroschen klingt. Aber was steht wirklich dahinter? Und wie kann ein Mensch Vertrauen fassen?

Vertrauen ist eine kindliche Geisteshaltung.

Unser jüngstes Kind geht gern mit seinem Vater zum

Schwimmen. Der Vater steht im Wasser, und unsere kleine Tochter springt mit einem Freudenschrei vom Beckenrand in seine ausgebreiteten Arme.

Das ist *Vertrauen.* Sie weiß, daß ihr Vater sie auffängt.

Nehmen wir einmal an, sie hätte kein Vertrauen zu ihrem Vater, sie würde sich weinend und jammernd am Beckenrand festklammern. Ihr Vater wäre dann immer noch derselbe. Seine starken Arme wären ausgebreitet, sie aufzufangen. Aber solange sie ihm nicht vertraut, wird sie seine liebende Fürsorge nicht erfahren.

Wenn sie auf das tiefe Wasser sieht und sich vorstellt, sie könnte darin ertrinken, wenn sie sich also von ihrer *Angst* bestimmen läßt, geht ihr die frohmachende Erfahrung verloren, daß sie bei ihrem Vater geborgen ist. Sie ist unglücklich, und er ist wegen ihres Mangels an Vertrauen betrübt.

Genau so verhält es sich, wenn wir unserem himmlischen Vater nicht vertrauen.

Um wirklich zu begreifen, wie jene Christen angesichts der brüllenden Löwen singen konnten, müssen wir uns klarmachen, daß Friede in jeder noch so bedrohlichen Lage nur daher rührt, daß wir uns völlig dem Herrn anvertrauen. Manchmal klammern wir uns verzweifelt an Dinge, die wir „unser eigen" nennen: unsere Gesundheit, unsere Familie, unsere Zukunft.

Die Bibel sagt: *„Oder wißt ihr nicht, daß euer Leib ein Tempel des Heiligen Geistes ist, der in euch wohnt und den ihr von Gott habt, so daß ihr nicht euch selbst gehört? Denn ihr seid teuer erkauft; darum preist Gott mit eurem Leibe"* (1. Korinther 6, 19.20).

Wir gehören Gott. Wir sind seine Kinder. Weil wir wissen, daß wir ihm vertrauen können, weil wir wissen, daß er gut ist, weil wir wissen, daß er uns unaufhörlich liebt, können wir uns selbst und alles, was uns lieb und wert ist, ihm anheimstellen. Das ist keine Entscheidung des Gefühls, sondern des Willens. Wir lassen *alles* los und überlassen es ihm.

Ein lebendiges Opfer

Larry Gordon berichtet: „Als Nell mich an jenem Tag verließ, wußte ich genau, wo mein Problem lag und was ich tun mußte.

Ich wußte, daß meine Gefühle mich beherrschten und daß ich Angst hatte, Gott das anzuvertrauen, was mir wirklich am Herzen lag. Ich erinnerte mich plötzlich an eine Bibelstelle über das lebendige Opfer des Leibes. Ich schlug sie nach und las in Römer 12, 1: *,Ich ermahne euch nun, liebe Brüder, bei der Barmherzigkeit Gottes, daß ihr eure Leiber hingebt als ein Opfer, das lebendig, heilig und Gott wohlgefällig ist. Das sei für euch der wahre Gottesdienst.'*

Ich hatte diesen Vers bisher nur in einem bestimmten Zusammenhang gehört, nämlich als Aufruf, Missionar zu werden. Doch an diesem Tag zeigte mir Gott etwas ganz anderes.

Ich sollte ihm buchstäblich meinen Körper anvertrauen, mit Krebs und allem drum und dran. Ich sollte ihm das geben, was ich für mein Recht auf Gesundheit hielt. Dann kamen mir alle anderen Dinge in den Sinn, an denen mein Herz hing: die Sorge um die Zukunft meiner Frau und meiner Kinder, mein Beruf, mein Geld, meine Angst vor Schmerzen, meine Furcht, jedermann zur Last zu fallen.

Ich nahm ein Blatt Papier und riß es sorgfältig in Streifen. Auf jeden Streifen schrieb ich eine dieser Sorgen, angefangen mit ,mein Körper'.

Dann legte ich nacheinander jedes einzelne Problem vor Jesus hin und ,gab' ihm alle meine Sorgen. Dann zerriß ich die Papierstreifen. Ich konnte die Veränderung, die diese Handlung in mir zuwege brachte, nicht fassen. Es war, als sei eine große Last von mir genommen worden. Alle meine Sorgen waren jetzt *seine* Sorgen, und ich war frei! Meine Niedergeschlagenheit war wie weggeblasen, und ich konnte es kaum erwarten, bis meine Frau kam und ich ihr alles erzählen konnte.

Manchmal ertappe ich mich dabei, daß ich mir wieder Sorgen mache und mich ängstige. Ich sage dann einfach: ,Herr, weshalb mache ich mir eigentlich Sorgen über *deine* Probleme?' Dann lege ich wieder alles in seine Hand."

11.

Schwierige Situationen

Jeder Krebskranke muß mit seinen besonderen Belastungen leben.

Für manche liegen die Schwierigkeiten im rein körperlichen Bereich: laufen, essen, sprechen. Andere werden durch ihre seelischen Probleme niedergedrückt: lähmende Zukunftsangst in bezug auf den Krebs selbst, quälende Sorge um die Zukunft der Kinder (falls man stirbt), tiefe Depression. Andere Sorgen betreffen die Fahrten ins Behandlungszentrum, die Versorgung des Haushalts, die Unfähigkeit des Kranken, sich um seine Kinder zu kümmern; Probleme in bezug auf berufliche Angelegenheiten, denen man nicht die nötige Aufmerksamkeit widmen kann, sowie eine Vielzahl von Fragen im persönlichen Bereich.

Jeder Krebskranke muß eine oder mehrere schwierige Lagen bewältigen. Einige Krebskranke berichteten mir von ihren größten Problemen und wie sie damit fertig geworden sind. Etliche dieser Krebspatienten hat auch Nell Collins besucht. Es sind Christen, die in Notzeiten Gottes Treue kennengelernt haben.

Wir müssen immer daran denken, daß jeder Krebskranke ein einzigartiger „Fall“ ist. Die Behandlung, die jemand anderem verordnet wurde, ist nicht unbedingt die richtige Behandlung für Sie. Es bedeutet auch nicht, daß jeder andere Mensch zuviel oder Sie zuwenig behandelt werden. Ihre Behandlung ist völlig auf Sie zugeschnitten.

Es wird Ihnen sicher trotzdem helfen, wenn Sie erfahren, was andere erlebt haben und wie sie mit ihren Schwierigkeiten fertig geworden sind.

1. Fall

Medizinische Information

Amputation der linken Brust. Sechs Monate später Ovarektomie, um die Eierstöcke zu entfernen und die Östrogenproduktion auszuschalten. Die Patientin wurde chemotherapeutisch behandelt.

Probleme

„Eine der nervenaufreibendsten Erfahrungen war für mich die Tatsache, daß die Ärzte sich nicht immer hundertprozentig einig sind. Ich hatte immer gedacht, daß die Fachärzte in der Wahl ihrer Behandlung übereinstimmen würden. Für einen Kranken ist es überaus erschreckend, wenn die Ärzte sich gegenseitig widersprechen.

In meinem Fall hatten die Ärzte heftige Auseinandersetzungen, ob ich bestrahlt werden sollte oder nicht. Das erschreckte mich sehr. Ich konnte nur beten: ‚Herr, ich weiß nicht, was ich tun soll. Ein Arzt ist für, der andere gegen die Bestrahlung. Hilf mir, der Entscheidung dieses dritten Arztes zu vertrauen!'

Ich fragte Dr. D. nach dem Grund solch schwerwiegender Meinungsverschiedenheiten. Er meinte, daß wir eben über vieles noch nicht Bescheid wissen. ‚Das ist nicht gerade tröstlich für den Patienten', sagte ich. ‚Für die Ärzte auch nicht', entgegnete er."

Kommentar

In einem Krankenhaus, besonders in einer Universitätsklinik, wird der Kranke von verschiedenen Ärzten untersucht. Diese kommen dann manchmal zu unterschiedlichen Auffassungen in bezug auf die Behandlungsmethode. Der Patient und seine Angehörigen werden dadurch völlig durcheinandergebracht. Die Ärzte sollten sich daher einigen, bevor sie dem Kranken gegenübertreten.

Hört ein Patient oder Angehöriger von anscheinend sich widersprechenden ärztlichen Auffassungen, sollte er sich an den behandelnden Arzt wenden und um Aufklärung bitten.

2. Fall

Medizinische Information

Leberfleck am Bein, der als bösartiges Melanom festgestellt wurde. Bei dieser Krebsart ist eine ausgedehnte Operation notwendig, weil der Krebs sehr tief unter die Haut gehen kann.

Probleme

„Obwohl ich mich nach der Operation wohl fühlte, fiel es mir schwer, die große, häßliche Narbe auf meinem Bein anzunehmen. Ich hatte das Gefühl, jeder würde darauf starren und fühlte mich so verunsichert. Eineinhalb Jahre bedeckte ich die Narbe. Nell sagte mir dann, daß ich mich dieser Narbe nicht zu schämen brauche, sondern sie als Zeugnis benutzen könne.

Ich zeigte mich also mit meiner Narbe in der Öffentlichkeit und machte erstaunliche Erfahrungen. Zunächst begriff ich, daß die meisten Menschen so mit sich selbst beschäftigt sind, daß sie meine Narbe nicht einmal bemerkten. Doch manchmal geschieht es, daß Leute mich darauf ansprechen. Das gibt mir Gelegenheit, meinen Glauben an Christus zu bezeugen. Einige Menschen sind auf Grund dieser Gespräche selbst zum Glauben gekommen. Hätte ich meine Narbe weiterhin bedeckt, wären mir solche segensreichen Erfahrungen entgangen."

3. Fall

Medizinische Information

Krebs in der rechten Brust, die im April 1969 entfernt wurde. Sechzehn Kobaltbestrahlungen. Im Oktober 1976: Abnahme der linken Brust. Außerdem wurde Lymphknotenkrebs festgestellt. Die Patientin wird chemotherapeutisch behandelt.

Probleme

„Nachdem mir beide Brüste fehlten, fiel es mir schwer, eine Prothese zu finden, die natürlich wirkt und bequem zu tragen ist. Manche Menschen meinen, die Prothese löse alle Probleme einer brustamputierten Frau. Das ist nicht wahr. Ich meine, es ist wichtig, am Morgen aufzustehen, mich anzukleiden, Körperpflege zu treiben und meine Arbeit zu beginnen. Ohne eine bequem sitzende Prothese hatte ich jedoch das Gefühl, als liefe ich den ganzen Tag im Bademantel herum.

Meine Lösung dieses Problems ist sicher nicht für alle brustamputierten Frauen nachzuvollziehen. Ich begann jedoch Versuche zu machen, um mir selbst eine Prothese zu fertigen*, die angenehm zu tragen wäre und gut aussehen würde. Ich fand — zumindest für mich — die ideale Lösung. Ich trage einen normalen BH (obwohl sich nicht alle Marken für diesen Zweck eignen). Dann mache ich meine eigene Prothese und passe sie dem BH-Körbchen an.

Ich schneide von einer Strumpfhose eine 20—25 cm langes Stück vom Oberschenkel eines jeden Beines ab. Dann mache ich am schmaleren Ende einen Knoten und schneide den überstehenden Stoff ab. Ich wende nun die Strumpfhose und die Stelle, an der sich der Knoten befindet, wird die Brustwarze. Ich fülle den Strumpf mit weichem Füllmaterial, das man auch für Kissen verwendet. Kaufen Sie die weichste und beste Qualität, und nehmen Sie keine Watte — das geht nicht. Sie brauchen das Füllmaterial nur nach Größe und Form zu modellieren und es im BH zu tragen.

In meinem Fall war die selbstgefertigte Prothese eine große Hilfe. Ich hätte für eine geeignete Prothese fast jeden Preis bezahlt. Ich hatte sogar teure erprobt. Ich weiß, daß viele Frauen mit diesen Prothesen sehr zufrieden sind. Jede Frau muß selbst herausfinden, was sich in ihrem Fall am geeignetsten erweist.

Meine Prothese ist am besten für eine Frau geeignet, der beide Brüste fehlen. Wurde nur eine Brust abgenommen, muß Größe und Gewicht der Prothese der natürlichen Brust angepaßt werden. Die Strumpfprothesen können auch beschwert werden. Eine meiner Bekannten füllt einen kleinen Beutel mit Vogelfutter (!) und steckt ihn in die Strumpfprothese mit dem Füllmaterial. Ich habe vielen Frauen gezeigt, wie man diese Prothese anfertigt. Die meisten waren davon begeistert."

---

*Normalerweise macht dies der Orthopäde auf Kosten der Krankenkasse

4. Fall

Medizinische Information

Dickdarmkrebs. Metastasen in beiden Lungen. Die Patientin wird mit starken Chemotherapeutika behandelt.

Probleme

„Mein größtes Problem ist die Übelkeit nach den Spritzen. Als Frau und Mutter fühle ich mich so schuldig, weil ich den Haushalt nicht wie sonst versorgen kann. Die Hausarbeit und das Kochen haben mein Mann und meine Kinder übernommen. Ich fühle mich so nutzlos und glaube, daß ich eine große Belastung für meine Familie bin."

Kommentar

Die Frau erlebt eine Situation, wie sie vielen Krebskranken begegnet. Es treten in diesem Fall drei große Probleme auf.

Die Übelkeit selbst. Sie ist eine häufige Nebenwirkung der Chemotherapie. Es ist gut zu wissen, daß die Übelkeit in der Regel nur einige Tage anhält. Es gibt auch Medikamente, die Linderung verschaffen. Ist die Übelkeit sehr stark, muß ein Arzt zu Rate gezogen werden.

Unfähigkeit, die normale Arbeit zu verrichten. Die Familienmitglieder müssen einander während dieser Zeit helfen oder eine Haushaltshilfe einstellen.

Die seelische Reaktion des Patienten. Hier liegt das größte Problem. Die oben beschriebenen Schwierigkeiten sind zwar belastend, aber sie lassen sich nicht vermeiden. Das dritte Problem jedoch, nämlich die negative seelische Reaktion auf jene Schwierigkeiten kann durch die Kraft Gottes bewältigt werden. Wir können wie gebannt auf unsere unglücklichen Umstände sehen und in unserem Elend versinken. Wir können aber auch aufgrund einer Willensentscheidung von unserer mißlichen Lage wegsehen und unseren Blick auf Jesus richten. Psalm 37 zeigt uns, wie wir uns in unserm Elend an Gott wenden können.

Vertrauen (Vers 3). Zunächst müssen wir Gott vertrauen,

daß er uns gerettet hat. Dann können wir ihm auch Tag für Tag in allen Angelegenheiten unseres Lebens Vertrauen schenken.

Freude (Vers 4). Christus ist die Mitte des Lebens. Alle Vorhaben und Neigungen sind unter seiner göttlichen Herrschaft. In ihm finden wir die tiefste Lebensfreude.

Hingabe (Vers 5). Jeder Gedanke, jede Entscheidung, jede Handlung wird dem Herrn anbefohlen. In allem, was wir tun, fragen wir: Wird mein Herr dadurch verherrlicht?

Ruhe (Vers 7). *„Zuflucht ist bei dem alten Gott und unter den ewigen Armen"* (5. Mose 33, 27). Das ist vollkommene Geborgenheit und Ruhe. Selbst, wenn die ganze Erde auseinanderbirst, können wir bei ihm Zuflucht finden.

Warten (Vers 7). Lassen Sie sich kein Hintertürchen frei. Er behält alles in seiner Hand.

5. Fall

Medizinische Information

Brustkrebs. Amputation einer Brust, neun Monate später Entfernung der anderen. Fünfundzwanzig Kobaltbestrahlungen. Nach zwei Jahren wurde in Leber, Gallenblase, Darm, Milz und in den Eierstöcken Krebs festgestellt. Die Kranke wird chemotherapeutisch behandelt.

Probleme

„Als ich gesund war, trug ich die Hauptverantwortung für unseren Haushalt (Finanzen usw.). Mein Mann war ärgerlich, daß er diese Arbeiten nun übernehmen mußte. Es war ihm auch zuviel, tagsüber zu arbeiten und des Nachts noch meine Betreuung zu übernehmen.

Dazu kommt noch, daß unser Sohn unter einem schweren Gehörschaden leidet und nur wenig Beziehung zu seinem Vater hat.

Ich hatte keinen Führerschein und wußte nicht, wie ich ins Behandlungszentrum gelangen sollte.

Angesichts dieser schwierigen Lage erlitt ich fast einen Nervenzusammenbruch. Ich hatte das Gefühl, daß es keine Hoffnung mehr für mich gab. Durch Nell Collins erfuhr ich, daß der Herr alles in seinen Händen hält, daß er mich liebt und daß ich ihm in jeder Angelegenheit meines Lebens vertrauen kann.

Gott hat sich aller meiner Nöte angenommen. Ein Freund, der ein Auto mit Klimaanlage besitzt, fährt mich alle drei Wochen zur Therapie. Der Herr hat mir viele Freunde geschickt, die mich ermutigen und sich zur rechten Zeit meiner Nöte annehmen. Andere Freunde holen unseren Sohn ab und fahren ihn zu einer Kirche, in der Gottesdienste für Gehörlose abgehalten werden.

Nachts werde ich von Familienangehörigen betreut, die sich gegenseitig abwechseln, und am Tag kommt ein gläubiges Mädchen zu mir. In Krisenzeiten betet sie für mich und hilft mir, meine Last zu tragen.

Es ist so gut, sich in allem auf den Herrn zu verlassen."

6. Fall

Medizinische Information

Krebs in der Ohrspeicheldrüse. Strahlenbehandlung.

Probleme

„Die schwerste Zeit war für mich die Zeit während der Strahlenbehandlung. Ich hatte hinten im Mund einen starken brennenden Schmerz, der einen Würge- und Brechreiz hervorrief und mir große Beschwerden bereitete. Manchmal dachte ich, es nicht mehr ertragen zu können.

In dieser Zeit tröstete ich mich mit dem Gedanken, daß unsere irdischen Nöte nicht ewig dauern. Weil Christus mich erlöst hat, darf ich wissen, daß ich eines Tages — wenn ich sterbe oder wenn der Herr wiederkommt — bei ihm sein werde und nie mehr zu leiden habe.

Ein Vers, der mich tröstet und mir hilft, mich auf die Ewigkeit einzustellen, ist Römer 8, 18: *‚Denn ich bin überzeugt, daß die Leiden dieser Welt nichts bedeuten gegenüber der Herrlichkeit, die an uns offenbart werden soll.'"*

7. Fall

Medizinische Information

Brustkrebsoperation. Völlige Amputation der linken Brust.

Probleme

„Ich war zur Zeit der Operation erst dreißig Jahre alt. Ich machte mir solche Sorgen, wie sich mein Mann Bill mit der Amputation abfinden würde. Lange Zeit vermochte ich sexuell nicht mit ihm zu verkehren. Ich hatte solche Angst, daß er nur aus Mitleid mit mir schlafen wolle. Ich dachte, ich würde auf ihn abstoßend wirken. Wir lebten nur oberflächlich nebeneinander her.

Dann geschah etwas Wunderbares. Meine Tante rief an und berichtete mir: ‚Bill rief mich am Tag nach deiner Operation an und sagte mir, daß er jetzt erst richtig erkannt hätte, wie sehr er dich liebt und wie kostbar du für ihn bist. Ich weiß nicht, ob er dir das schon hat sagen können, aber ich dachte, es würde dich freuen, wenn du es weißt.'

Als Bill an jenem Abend nach Hause kam, erzählte ich ihm von dem Gespräch mit meiner Tante. Wir lagen uns in den Armen und weinten. Dann begannen wir wieder miteinander zu reden, und ich stellte ihm ein paar sehr direkte Fragen.

Ich fragte ihn, ob ihn meine Narbe störe oder ob ich sie lieber bedecken solle, während wir uns liebten. Er meinte, der Anblick der Narbe störe ihn nicht. Seine Liebe zu mir sei nicht davon abhängig, ob mir eine Brust fehle oder nicht. Niemand kann sich vorstellen, was es für mich bedeutete, daß er das in *Worten* ausdrückte.

Um meiner selbst willen kaufte ich mir dann ein paar hübsche Nachthemden. Ich fühlte mich selbst wohler, wenn die Narbe bedeckt war, auch wenn es Bill nichts ausmachte. Ich nahm mir viel Zeit, Nachthemden herauszusuchen, die besonders anziehend aussahen und an denen ich eine Prothese befestigen konnte. Sie können sich nicht vorstellen, welchen Auftrieb mein Selbstbewußtsein dadurch erhielt. Manchem mag das unwichtig erscheinen, aber mir hat es geholfen, mich selbst wieder zu mögen."

8. Fall

Medizinische Information

Für diese Krebspatientin ist das Leiden nichts Neues. Vor ihrer Krebsdiagnose lag sie schon siebenundvierzig mal im Krankenhaus. Ein schwerer Sturz hatte in ihrem Rücken einen unheilbaren Nervenschaden verursacht. Sie hat seit siebzehn Jahren ständig Schmerzen.

Probleme

Es ist ungeheuer schwer, mit chronischen Schmerzen fertig zu werden (obwohl sie in diesem Fall nichts mit der Krebskrankheit zu tun haben). Die Kranke beschreibt ihren Schmerz mit Hilfe einer Skala von eins bis zehn, angefangen mit geringen Beschwerden bis zu heftigen Schmerzen.

„Gegen den Schmerz anzugehen ist ein täglicher Kampf", sagt sie. „Ich habe schon Angst vor morgen, vor nächster Woche, nächstem Monat und nächstem Jahr. Es erscheint so hoffnungslos, und mein geheimer Groll macht alles nur noch schlimmer.

Ich habe, wie einst Hiob, viele schlechte Tröster, die meine Nöte noch schwieriger machen. Dann gibt es jene, die aus Liebe zu mir meinen, sie müßten allem zustimmen, was ich sage oder tue. Das ist auch wieder nicht gut für mich.

Als ich mich mit der frühen Kirchengeschichte befaßte, merkte ich, daß es in jener Zeit viele gab, die weit mehr zu leiden hatten, als ich. Sie taten das freiwillig für Christus. Sie trugen ihr ‚Kreuz'. Ich hatte mein Leiden nicht um Christi willen gewählt. Aber ich kann über mein Leiden siegen und Christus in meinen Schmerzen verherrlichen. Er kann durch mich und meine Schmerzen seine Größe und Stärke zum Ausdruck bringen. Das ist meine tägliche Bitte.

Um dort, wo ich lebe, in dieser realen Welt mit realen Menschen und realen Schmerzen diesem Ziel näher zu kommen, habe ich mir einige praktische Aufgaben gestellt:

1. Den Tag mit Gott beginnen (Gebet, Bibellese).

2. Die *körperlichen* Fähigkeiten für diesen Tag richtig einschätzen.

3. *Realistische* Ziele setzen, die Gott verherrlichen. Ich mache das *schriftlich*, das Wichtigste immer zuerst.

4. Einen ehrlichen Versuch machen, diese Ziele zu erreichen, selbst, wenn man sich nicht ganz wohl fühlt.

5. Umgang mit Menschen pflegen, soweit das möglich ist. Sich um andere kümmern.

Die obengenannten Vorschläge ermöglichen es mir, mit Schmerzen bis zum Skalenwert fünf oder sechs fertig zu werden. Bei Schmerzen im Skalenwert acht bis zehn liegen die Dinge natürlich anders. Außergewöhnlich starke Schmerzen waren der Grund vieler meiner Krankenhausaufenthalte. Aber es ist dennoch möglich, über den Schmerz zu triumphieren. Ein gelassenes Vertrauen zu Christus hilft, den Schmerz besser zu ertragen. Es ist möglich, weil ich mich in jedem Augenblick an ihn wenden kann. Durch die Kraft Gottes habe ich auch bei keiner ungeschickten Krankenschwester oder Pflegerin die Geduld verloren. Ich habe jedoch gehört, wie Menschen, die nicht im Glauben standen, in ihrem Schmerz Gott verfluchen und alle, die in ihre Nähe kommen.

Je mehr ich Gottes Kraft an meinem eigenen Körper erlebe, desto stärker bin ich von seiner großen Liebe zu mir überzeugt. Ich habe schon viele Krisen erlebt, und ich *weiß,* daß mir seine Gnade genügt."

9. Fall

Medizinische Information

„1973 hatte ich eine Brustamputation, und drei Monate später wurden mir die Eierstöcke entfernt. Auch Lymphknoten waren vom Krebs befallen. Vor der Kobaltbestrahlung wurden Knochen und Leber untersucht (mit negativem Befund). Die Strahlentherapie dauerte einen Monat. Danach wurde ich drei Jahre lang alle sechs Monate nachuntersucht. Dann bekam ich plötzlich einen steifen Nacken, einen steifen Rücken und Schmerzen. Eine Knochenuntersuchung zeigte, daß die ganze rechte Seite vom Kopf bis zum Becken von Krebs befallen war. Man verschrieb mir Tabletten, die männliche Hormone enthielten.

Nach zwei Monaten zeigte eine weitere Knochenuntersuchung, daß der Krebs sich nun auch auf die linke Körperseite ausgebreitet hatte. Ich erhielt nun Spritzen, die die Ausbreitung der Krebszellen verhindern sollten. Viele Wochen lag ich mit Rückenschmerzen, Steifheit und Entzündungen im Bett. Als sich die Anzahl der roten Blutkörperchen verringerte, wurde eine Bluttransfusion vorgenommen. Daraufhin fühlte ich mich plötzlich wieder wohl und hatte keine Schmerzen mehr. Ich begann wieder, einige Dinge selbst zu erledigen und verbrachte einen Teil des Tages außerhalb des Bettes. Die nächste Knochenuntersuchung zeigte eine leichte Besserung."

Probleme

„Das Schlimmste war für mich, daß ich ans Bett gefesselt war und nichts tun konnte. Ich war niedergeschlagen und tat mir selbst leid. Meine vier Töchter waren mir eine große Hilfe. Sie übernahmen die gesamte Hausarbeit. Diese zusätzliche Belastung neben ihren schulischen Verpflichtungen war nicht leicht für sie.

Ich erkannte, daß der Herr mir viel Zeit geschenkt hatte, und ich nutzte diese Zeit, um in der Bibel zu lesen. Ich hörte christliche Sendungen im Radio und Tonbänder, die mir Freunde brachten. Meine Gemeinde bedeutete mir viel in dieser Zeit. Gemeindeglieder schrieben mir, um ihre Liebe und Anteilnahme auszudrücken, manche brachten Essen, und ich erhielt oft Besuche von unserem Pastor. Ich las gern christliche Lebensbeschreibungen, um zu erfahren, wie andere mit ihren Problemen fertig wurden. Einmal las ich das Buch *Joni,* die Geschichte eines jungen Mädchens, das nach einem Tauchunfall querschnittsgelähmt war. Ich merkte, wieviel mehr Bewegungsfreiheit ich im Vergleich zu ihr hatte, obwohl ich im Bett lag. Sie schrieb zum Beispiel, daß sie nicht weinen konnte, weil niemand da war, der ihr die Nase putzte. Mir liefen beim Lesen die Tränen herunter, aber ich erkannte, daß Gott uns die Kraft gibt, mit jeder schwierigen Lage fertig zu werden.

Zur Zeit meiner Brustamputation war ich noch kein Christ, obwohl ich das von mir angenommen hatte. Ich war zutiefst niedergeschlagen und merkte, daß mir etwas in meinem Leben fehlte. Ich machte mich auf die Suche. In einer bibelgläubigen Gemeinde hörte ich den Satz: ‚Mit Christus haben Sie keine Vergangenheit, nur eine Zukunft.' Dieser Satz traf mich in meinem Innersten. Ich ging regelmäßig in diese Gemeinde, hörte zu, lernte und nahm Christus als meinen Herrn und Erlöser an. Mein Leben ist seither so ganz anders geworden. Ich kann mich zu jeder Zeit und mit jeder Frage an Christus wenden, ob es sich nun um Bewältigung der Schmerzen handelt oder darum, meine Abneigung gegen die Spritzenbehandlung zu überwinden. Manchmal versuche ich noch immer, die Dinge selbst in die Hand zu nehmen, statt mich ganz ihm zu überlassen. Er lehrt mich jedoch, daß er mit meinen Angelegenheiten viel besser fertig wird als ich selbst.

Meine Entscheidung für Christus liegt nun zwei Jahre zurück. Ich vermute, wenn ich versucht hätte, selbst mit dem Krebs fertig zu werden, hätte ich mich völlig zurückgezogen und in Selbstmitleid verstrickt.

Es ist schwer zu ertragen, daß ich wahrscheinlich nie von meiner Krankheit geheilt werde. Doch mit Christi Hilfe sehe ich zuversichtlich jedem neuen Tag entgegen, weil ich weiß, daß nichts geschehen kann, was er nicht zuläßt."

Ein Brief der Übergabe

Eine schwierige Situation nimmt durch unsere seelische Reaktion darauf oft riesige Ausmaße an. Diese seelische Belastung kann verringert werden, wenn der Kranke seine Lage der Fürsorge des allmächtigen Gottes anbefiehlt. Nell Collins macht manchmal den Vorschlag, einen Brief der Übergabe an Gott zu schreiben. Ein solcher Brief gründet sich auf die Verheißung, daß Gott in unserem Leben das bewirkt, was zu unserem Besten ist und ihm zur Ehre gereicht. Durch eine solche Übergabe seines Lebens an Gott gewinnt der Mensch eine neue Einstellung zu seiner Situation, auch wenn die Umstände sich nicht ändern.

Hier ist Nells persönlicher Brief an Gott. Wenn Sie ihm innerlich zustimmen, können Sie ihn als Ihren eigenen annehmen.

Lieber Herr, weil ich an die Erlösungstat Christi glaube, sagt mir dein Wort, daß ich als dein Kind zu dir gehöre.

Ich glaube, daß alle Dinge, die mir zustoßen, zu meinem Besten sind und deiner Verherrlichung dienen, wie du es in deinem Wort zugesagt hast.

Weil ich dir vertraue, daß du im Umgang mit mir keine Fehler machst, gebe ich dir jetzt mein Leben hin.

Ich gebe dir jeden Wunsch, den ich für mein Leben habe. Wenn du mir langes Leben und Gesundheit schenkst, will ich mit diesen Gaben deinem Namen Ehre machen. Ich bitte dich nicht um diese Dinge, außer du willst sie mir zu deiner Verherrlichung geben.

Wenn du mir etwas geben möchtest, was mir in meiner Menschlichkeit nicht vollkommen *erscheint*, dann möchte ich dir auch in den Dingen vertrauen, die ich nicht verstehen kann. Ich danke dir, daß du einen Plan für mein Leben hast, damit ich Christus immer ähnlicher werde. Ich möchte dir vertrauen, daß du mir die Gnade gewährst, dich in *allen* Umständen meines Lebens zu verherrlichen.

Ich will mich gegen nichts auflehnen, was du mir zustoßen läßt, auch wenn ich den Sinn im Augenblick nicht einsehe noch verstehe, was du in Zukunft mit mir vorhast. Ich möchte mit dem Apostel Paulus den Wunsch aussprechen, daß Christus an meinem Leibe verherrlicht werde, sei es durch Leben oder Tod.

Hilf mir, Herr, mich an diese Verpflichtungen zu halten und zeige mir, wenn ich davon abweiche.

Du allein verdienst völliges Vertrauen. Deshalb überlasse ich mich völlig deiner Fürsorge.

Im Namen Jesu, Amen.

Unterschrift . . . .

Datum . . . .

12.

Warum ich, Herr?

Die junge Mutter Denise sieht blaß und abgespannt aus. Die schlaflosen Nächte im Wartezimmer des Krankenhauses haben sie völlig erschöpft. Ihr Kind, das noch keine zwei Jahre alt ist, ist schon bald nach seiner Geburt an Krebs erkrankt. Nach schweren Wochen der Strahlenbehandlung und Chemotherapie stellte man fest, daß sich der Krebs weiter ausgebreitet hatte. Durch einen chirurgischen Eingriff entdeckte man Dutzende inoperable Tumore. Im medizinischen Sinn sind die Heilungsaussichten schlecht, ja nach menschlichem Ermessen völlig hoffnungslos.

Denise ist völlig zermürbt. Sie kann nicht mehr weinen und auch nicht mehr beten.

Sie ist eine Christin und hat erlebt, wieviel Freude es macht, Christus zu kennen und ihm nachzufolgen. Sie wandte sich an Christus, als ihr Sohn erkrankte. Sie betete leidenschaftlich für seine Genesung. Aber wenn jetzt kein Wunder geschieht, wird ihr Kind sterben.

„Ich glaube, daß ich es vielleicht ertragen könnte", sagt sie, „wenn ich nur wüßte, *warum* dies geschehen muß. *Warum* muß mein unschuldiges kleines Kind sterben? *Warum* darf er nicht aufwachsen und ein erfülltes Leben leben? Und *warum* muß gerade mir so etwas geschehen? Warum muß ich alle diese Sorgen und Nöte durchleiden? Bestraft Gott mich für irgendeine furchtbare Sünde?"

Sie hält Rückschau über ihr Leben und versucht, sich vergangener Fehltritte zu erinnern. Hat Gott ihr nicht vergeben? Liebt er sie nicht? *Warum* läßt er so etwas zu? *Warum? Warum?*

Die unvermeidliche Frage

Das grausame Schicksal Krebs führt stets zu der unvermeidlichen Frage: *Warum ich, Herr?*

Diese Frage scheint fast als Reflex aufzutauchen. Sie wird auch von Menschen gestellt, die Gott nicht kennen oder an seiner Existenz zweifeln. Wenn wir uns in großer Not befinden, erwacht unser angeborenes Wissen um Gott, ganz gleich, welcher Philosophie oder Religion wir anhängen. Selbst ohne biblisches Wissen oder theologisches Konzept spüren wir, daß Gott diese Situation zugelassen hat, und zwar aus bestimmten Gründen.

Ich bin überzeugt, daß unsere körperlichen Leiden in manchen Fällen eine Folge unseres Lebenswandels sind. Man hat z. B. eine unmittelbare Beziehung zwischen Rauchen und Lungenkrebs feststellen können. In gleicher Weise begünstigt ein Alkoholiker eine Leberzirrhose. Auch bestimmte Chemikalien können Krebs verursachen. Wenn nun ein Mensch mit solchen Chemikalien lebt oder arbeitet, kann er an Krebs erkranken.

Wir ernten, was wir gesät haben. Es erscheint immer offenkundiger, daß wir eine Umwelt geschaffen haben, die voller krebsfördernder Stoffe ist, von Sacharin bis zu chemisch behandelten Kleidungsstücken. Die Zunahme krebsverursachender Stoffe scheint eine Nebenwirkung der modernen Technologie zu sein.

Im allgemeinen fällt es uns nicht so schwer, uns mit der unvollkommenen Welt, in der wir leben, abzufinden. Aber im persönlichen Bereich ist die Antwort auf das Warum nicht so einfach.

Wir können es nicht durchschauen

Wir werden in dieser Welt vielleicht nie erfahren, weshalb Gott unsere Nöte und Schwierigkeiten zugelassen hat und was er damit bezweckt. Es gilt, ihm ohne dieses Wissen unser Vertrauen zu schenken.

„Denn meine Gedanken sind nicht eure Gedanken, und eure Wege sind nicht meine Wege, spricht der Herr, sondern so viel

der Himmel höher ist als die Erde, so sind auch meine Wege höher als eure Wege und meine Gedanken als eure Gedanken" (Jesaja 55, 8.9).

Gottes Absichten mit uns

Gott läßt uns jedoch einige Gründe wissen, weshalb er es zuläßt, daß wir leiden. Wir wollen versuchen, uns einige der Erklärungen, die uns in der Bibel gegeben werden, vor Augen zu führen.

Wir können die Gründe für unser irdisches Leiden in fünf Punkten zusammenfassen: 1. Ungläubige sollen Gott erkennen. 2. Gläubige sollen auf den rechten Weg gebracht werden. 3. Sünde soll verhindert werden. 4. Gott soll verherrlicht werden. 5. Unser Glaube soll vertieft werden.

Ungläubige sollen Gott erkennen

Menschen, die nie in ihrem Leben gebetet und auch nicht viel über Gott nachgedacht haben, wenden sich in Notzeiten doch an ihn. Das ist, glaube ich, ein Grund, weshalb Gott Nöte und Krankheiten zuläßt. In solchen Notzeiten erkennen wir, wie begrenzt unsere menschlichen Möglichkeiten sind, und wenden uns Gott zu. Ich persönlich bin der Ansicht, daß wir gar nicht erkennen würden, wie sehr wir Gott brauchen, würden wir nie in Not und Schwierigkeiten geraten. Unser natürlicher menschlicher Wunsch, mit dem Leben selbst fertig zu werden, würde uns davon abhalten, den Herrn kennenzulernen, und wir wären auf ewig verloren.

Maurice Wagner beschreibt diese Suche nach einer Größe außerhalb von uns selbst: „In diesen Zeiten ungewöhnlicher Belastung wird uns bewußt, wie stark oder wie schwach unsere innere Sicherheit wirklich ist. Es hat den Anschein, daß wir unser innerstes Wesen am besten in Notzeiten kennenlernen. In einer solchen Lage versuchen wir, nach einer Kraftquelle zu suchen, nach einer persönlichen Beziehung, auf die man sich verlassen kann."

Gott benutzt das Leiden eines Ungläubigen, um diesen Menschen zu sich zu ziehen. Es ist für den betreffenden Menschen augenblicklich schwer zu begreifen, aber Gott handelt aus reiner Liebe zu uns, damit wir *gerettet* werden.

„Ich habe dich je und je geliebt, darum habe ich dich zu mir gezogen aus lauter Güte“ (Jeremia 31, 3).

Gläubige sollen auf den rechten Weg gebracht werden

Auch Gläubige erleben oft großes Leid. *„Denn er läßt seine Sonne aufgehen über Böse und Gute und läßt regnen über Gerechte und Ungerechte“* (Matthäus 5, 45).

Wenn ein Christ Krebs bekommt, stellt er sich meistens zwei Fragen: 1. Bin ich krank geworden, weil ich gesündigt habe? 2. Schickt Gott Krankheit, um zu bestrafen?

Weil diese Fragen so oft unbeantwortet bleiben, sind viele Krebskranke bedrückt und voller Schuldgefühle.

Krankheit ist eine der Folgeerscheinungen der Sünde. Ihre Krankheit ist nicht notwendigerweise die Folge Ihrer persönlichen Schuld. Sie ist jedoch eine Folge der Sünde, die in die Welt kam, als der Mensch zum ersten Mal das Gebot Gottes durchbrach. Krankheit ist ein Teil des Lebens auf diesem Planeten, und es gibt nur wenige Menschen, die von ihr verschont bleiben. Es ist nicht Gottes Schuld, daß wir krank werden. Aber er benutzt die Krankheit, um seine Ziele mit uns zu erreichen.

Jede Sünde des Gläubigen wurde vor fast zweitausend Jahren auf Golgatha gesühnt. Die berechtigte Forderung eines heiligen Gottes wurde erfüllt.

Gott will den Gläubigen nicht für Sünden bestrafen, die bereits gesühnt sind. Christus nahm die Strafe auf sich und sein Todesschrei bezeugte: *„Es ist vollbracht!“* Christi Tod macht es möglich, daß unsere Sünde vergeben und von uns genommen wird. *„So fern der Morgen ist vom Abend, läßt er unsere Übertretungen von uns sein“* (Psalm 103, 12). Jesus litt und starb an unserer Statt für unsere Schuld. Gott wird unsere Sünden nicht ein zweites Mal bestrafen.

Es besteht ein großer Unterschied zwischen *Bestrafung* und *Zurechtbringung.*

Als ein liebender Vater will Gott seine Kinder auf den rechten Weg bringen, aber das ist nicht dasselbe wie Bestrafung. Bestrafung sieht auf die Sünde, Zurechtbringung sieht auf die

Zukunft des Sünders, der durch die Gnade Gottes von der Bestrafung der Sünde befreit wurde. Bestrafung erfüllt das Gesetz, Zurechtbringung geschieht aus Liebe.

Manchmal wenden sich Christen von Gott ab. Sie halten sich nicht mehr an seine Gebote und leben so, als gäbe es keinen Erlöser. Wenn das geschieht, zerbricht zwar nicht unsere Beziehung mit Gott, aber wir haben keine Gemeinschaft mehr mit ihm.

Der Herr benutzt manchmal unsere Krankheiten oder andere scheinbare Notlagen, um unsere Gemeinschaft mit ihm wieder herzustellen. Erscheint uns das grausam?

Gott ist ein liebender Vater, der das Allerbeste mit uns vorhat. Er weiß, daß wir nicht die Freude der verheißenen Lebensfülle erfahren können, wenn wir nicht in enger Gemeinschaft mit ihm leben.

Daran werde ich manchmal erinnert, wenn ich das lange, dunkle Haar meiner Tochter sehe. In der Regel ist es ordentlich gekämmt, sauber und glänzend.

Doch zuweilen muß ich einschreiten. Ihr Haar ist fettig, zerzaust und voller „Kletten". Wenn sie mir erlaubt, es zu waschen, sieht es schon viel besser aus. Doch manchmal brauchen wir lange, um das Haar zu entwirren.

Meine Tochter haßt dieses Auskämmen. Sie weint, und ich weiß, daß es ihr wehtut. Das tut mir leid, aber ich muß das Haar kämmen, sonst wird es noch zerzauster. Wenn es einmal ganz schlimm ist, wendet sie sich unwillkürlich von mir ab. Das bereitet ihr dann noch mehr Schmerzen. Ich sage ihr immer wieder, daß das Kämmen weniger weh tut, wenn sie näher an mich herankommt.

Verhalten wir uns nicht oft genau so, wenn Gott die Kletten aus unserem Leben entfernen muß? Wir ziehen uns unwillkürlich von ihm zurück. *„Naht euch Gott, dann naht er sich euch"* (Jakobus 4, 8).

Weil nun Gott zuweilen Krankheiten zuläßt, um den Gläubigen in eine enge Gemeinschaft mit ihm zurückzuführen, meint man, daß die Ursache dieser Krankheit eine Sünde des Betroffenen sein muß. Viele Menschen haben eine völlig falsche Vorstellung von Gott. Sie sehen in ihm einen grausamen Tyrannen, der nur darauf wartet, jedem, der vom rechten Weg abkommt, einen Schlag zu versetzen. Sie antworten auf eine

Krebsdiagnose mit dem Satz: „Was habe ich getan, um das zu verdienen?“

Besonders schwerkranke Patienten quälen sich mit Schuldgefühlen. Psychologen haben viel Zeit darauf verwandt, um solchen Menschen zu versichern, daß kein Grund für diese Schuldgefühle vorliegt. Aber das ist für den Betroffenen meist keine große Hilfe. Man neigt heute dazu, das Schuldgefühl als Folge eines überaus engen Gewissen oder eines übersteigerten Ichs zu sehen. Nun ist es tatsächlich so, daß manche Menschen übermäßig selbstkritisch sind oder sich wegen bestimmter Umstände schuldig fühlen, auf die sie gar keinen Einfluß hatten.

Sich schuldig *fühlen* ist nicht dasselbe wie schuldig *sein.*

Menschen, die Gott gefallen wollen, quälen sich oft damit, daß sie ständig überlegen, ob sie nicht wieder irgendeine Sünde begangen haben. Die Folge dieser krankhaften Selbstprüfung ist eine völlige Konzentration auf die eigene Person, statt auf Christus, der uns ja von dieser Bindung befreit hat.

Hannah Whitall hat Smith dieses Problem folgendermaßen beschrieben:

„Es ist uns immer wieder eingeprägt worden, daß es unsere Pflicht sei, uns selbst zu prüfen. So richten wir also unseren Blick nach innen auf unseren seelischen Zustand und unsere Gefühle. Die Folge ist, daß schließlich unser Selbst und nicht Christus all unsere Gedanken erfüllt.

Mit *Selbst* meine ich alles, was sich um unser großes ‚Ich‘ dreht. Aus unserm Mund kommen wechselweise die Pronomen ‚ich‘, ‚mir‘, ‚mich‘ und ‚mein‘. Mit diesem Wortschatz sind wir alle sehr vertraut. Die Fragen, die wir uns im Verlauf unserer Selbstprüfungen stellen, sind Beweis genug dafür. Nehme ich den Glauben ernst genug? Habe ich genug bereut? Habe ich die richtigen Gefühle? Erkenne ich wirklich die Wahrheit? Sind meine Gebete inbrünstig genug? Ist meine Anteilnahme an religiösen Dingen wirklich so groß, wie es sein sollte? Ist meine Liebe zu Gott leidenschaftlich genug? Lese ich ebensogern die Bibel, wie es andere offensichtlich tun? Diese und hundert weitere Fragen in bezug auf uns selbst und unsere Erfahrungen füllen unsere Gedanken. Tag und Nacht beschäftigen wir uns mit unserer eigenen Person, und für Christus bleibt kein Raum mehr in unseren Gedanken.“

Gott will nicht, daß wir uns ständig selbst den Puls fühlen. Wenn wir auf uns selbst sehen, werden wir uns immer schuldig fühlen. Niemand kann die absoluten Maßstäbe Gottes erfüllen. Je mehr wir in uns hineinsehen, desto schuldiger fühlen wir uns. Christus starb, damit wir *seine* Gerechtigkeit in Anspruch nehmen können.

Manchmal fühlt man sich wegen bestimmter Dinge schuldig, auf die man gar keinen Einfluß hatte. „Ich hätte die Symptome eher entdecken müssen." „Sicher hätte ich diese Krankheit irgendwie verhindern können."

Gott will auch nicht, daß sich seine Kinder wegen eines unerreichbaren „Irgendwie" schuldig fühlen. Wer von einem solchen Schuldgefühl gequält wird, sollte daran denken, daß er mit dem Wissen, das ihm zu jener Zeit zur Verfügung stand, die bestmögliche Entscheidung getroffen hat. Wir sind nicht allwissend. Wir können nicht in die Zukunft sehen. Vielleicht sehen wir im Rückblick, daß manche Dinge hätten besser gemacht werden können. Das ist zweifellos richtig. Es ist immer einfach, Fehler zu erkennen, die man in der Vergangenheit gemacht hat. Es ändert jedoch nichts an unserer Lage, wenn wir uns jetzt deswegen Vorwürfe machen. Nehmen Sie das *Jetzt* an und lassen Sie die Vergangenheit hinter sich.

Tatsächliche Schuld steht jedoch auf einem ganz anderen Blatt. Oft haben wir Schuldgefühle, weil wir wirklich schuldig sind.

Zunächst gilt es, herauszufinden, aus welchem Grund wir uns schuldig fühlen.

Dr. phil. James Dobson, außerordentlicher Professor für Kinderheilkunde an der Universität von Südkalifornien, meint dazu: „Die beste Art mit dem Schuldgefühl umzugehen ist, sich ihm zu stellen. Wo das Schuldgefühl berechtigt ist, sollte man es als Beweggrund für eine Änderung des eigenen Verhaltens nutzen." Er macht den Vorschlag, daß ein von Schuldgefühlen geplagter Mensch seine Fehlhandlungen schriftlich festhalten solle. Jeden Punkt könne man auf Grund von folgenden Kriterien beurteilen: Ist mein Schuldgefühl berechtigt? Wenn ja, inwiefern? Wenn nicht, sollte ich dann die Angelegenheit nicht auf sich beruhen lassen?

Wenn Ihr Schuldgefühl begründet ist, sollten Sie sich an Gott wenden und ihm Ihre Schuld bekennen. Er hat versprochen, uns unsere Sünden zu vergeben und uns von aller Schuld freizumachen.

Der Psychologe Dr. phil. Henry R. Brandt schreibt:

„Obwohl wir Christen an Jesus glauben und ihn in unser Leben aufgenommen haben, sündigen wir doch immer noch. Viele Christen hegen in ihrem Herzen, Haß, Furcht, Groll und Eifersucht. Die Gemeinschaft mit Gott und den Menschen, gegen die sich solche Gefühle richten, ist zerstört. Unsere Freude und unser innerer Friede sind verlorengegangen. Wenn wir wieder Frieden mit Gott und den Menschen haben wollen, müssen wir unsere Schuld bekennen und uns in Gehorsam gegenüber dem Herrn und seinem Wort von unserem sündigen Tun abkehren."

Das ist die Antwort Gottes auf des Problem der Schuld. Wenn wir unsere Sünde als solche erkennen, sie vor Gott bekennen und seine Vergebung annehmen, dann brauchen wir *keine Schuldgefühle* mehr zu haben.

Das, was uns als eine große Not erscheint, kann Gott benutzen, um uns in eine enge Gemeinschaft mit ihm zurückzuführen. Doch es gibt noch viele andere Gründe, weshalb der Herr es zuläßt, daß auch Christen in so reichem Maße Leid und Unglück erleben.

Gott will Sünde verhindern

Viele Nachfolger des Herrn leben in enger Gemeinschaft mit ihm und bekennen ihre Schuld, wann immer sie ihnen bewußt wird. Doch auch diese Christen erleben Not und Herzeleid. Sie können sicher sein, daß Gott andere Gründe hat, weshalb er ihr Leiden zuläßt.

Gott benutzt manchmal Schwäche, Gebrechlichkeit und Krankheit als eine vorbeugende Maßnahme. Paulus hatte seinen „Pfahl im Fleisch", den Gott ihm nicht fortnahm, damit er demütig bliebe (*„damit ich mich nicht überhebe",* 2. Korinther 12, 7). Unser Stolz, auch unser geistlicher Hochmut, kann die Gemeinschaft mit Gott zerstören. Um das zu verhindern, läßt Gott es zuweilen zu, daß wir vor Schwierigkeiten gestellt sind, die uns ausweglos erscheinen. Sie erinnern uns daran, wie unzulänglich wir auf der einen Seite selber sind und wie sehr wir andererseits von Gott abhängen.

Verherrlichung Gottes

Manchmal sollen unsere körperlichen Leiden auch der Verherrlichung Gottes dienen. Im neunten Kapitel des Johannesevangeliums wird die Begegnung Jesu mit einem Blinden geschildert. Die Jünger meinten, die Ursache seiner Blindheit sei persönliche Schuld. *„Meister, wer hat gesündigt, dieser oder seine Eltern, so daß er blind geboren ist?“* Jesus antwortete: *„Weder dieser noch seine Eltern haben gesündigt, sondern an ihm sollen die Werke Gottes offenbar werden“* (Johannes 9, 2.3).

Jesus gab diesem Mann sein Augenlicht. Er war blind geboren, um Gott zu verherrlichen. Alle, die ihn sahen, sollten begreifen, daß Jesus von Nazareth mehr als ein Mensch war.

Hiob verlor alles — seine Familie, seinen Reichtum, seine Gesundheit. Gott wollte Satan beweisen, daß seine Nachfolger ihm nicht nur Vertrauen schenken, solange es ihnen gut geht. Zunächst verhielt sich Hiob sehr menschlich. Er stöhnte, klagte und war zutiefst verzweifelt. Doch inmitten seiner Not bewies er seine Treue und sein großes Vertrauen zu Gott, indem er sagte: *„Aber ich weiß, daß mein Erlöser lebt“* (Hiob 19, 25).

Ihr Kampf mit dem Krebs ist vielleicht eine Möglichkeit, Gott zu verherrlichen. Haben Sie schon einmal daran gedacht? Gott will vielleicht gerade durch Ihren Glauben andere zu sich führen.

„Er hat mir ein neues Lied in meinen Mund gegeben, zu loben unsern Gott. Das werden viele sehen . . . und auf den Herrn hoffen“ (Psalm 40, 4).

Geistliches Wachstum

Einen weiteren Grund für die Krankheit des Christen nennt die Bibel am häufigsten: das geistliche Wachstum des Gläubigen. Dieses Thema kommt so oft und in so vielfältiger Weise in der Bibel vor, daß es uns hier unmöglich ist, alle Stellen zu untersuchen. Wir wollen uns nur einige Möglichkeiten vor Augen führen, wie Gott körperliche Probleme benutzen kann, um sein Kind geistlich weiterzuentwickeln.

Frucht tragen. Manchmal können wir erst durch Leiden geistliche Frucht hervorbringen.

„Pflüget ein Neues und säet nicht unter die Dornen“ (Jeremia 4, 3).

Haben Sie jemals einen Garten gepflegt? Die harte, unnachgiebige Erde muß umgegraben und gepflügt werden. Der Gärtner muß sich viel Zeit nehmen, wenn diese Erde jemals Frucht hervorbringen soll. Wenn es möglich wäre, würde sich die Erde wahrscheinlich über die rauhe Behandlung des Gärtners beklagen. Wenn die Erde Gutes hervorbringen soll, muß man auch Unkraut jäten und manche Pflanzen beschneiden. Überließe man den Garten sich selbst, bliebe der Boden hart und unfruchtbar, Unkraut und Schädlinge würden überhand nehmen und es könnten keine Früchte geerntet werden.

Gott ist unser Gärtner. Liebevoll pflügt er die Erde unseres Lebens. Er beseitigt die alten unfruchtbaren Gewohnheiten, er beschneidet die Auswüchse der Bitterkeit und des Streites. Er möchte, daß unser Leben Frucht trägt. Wenn wir Gott nicht als unseren Gärtner anerkennen, können wir nicht die Früchte des Geistes hervorbringen, als da sind Liebe, Freude, Friede, Geduld, Freundlichkeit, Güte, Treue, Sanftmut und Selbstbeherrschung (Galater 5, 22.23). Wir werden dann auch keine Menschen zu Christus führen können.

Geistliche Weiterentwicklung. Unser Leiden soll uns zu reiferen Christen werden lassen. *„Jede Züchtigung aber scheint uns, wenn sie da ist, nicht Freude, sondern Leid zu sein; danach aber bringt sie denen, die dadurch geübt worden sind, Frieden und Gerechtigkeit als ihre Frucht“* (Hebräer 12, 11).

Glaubenszeugnis in Anfechtung. Hebräer 12 gibt uns einen Eindruck davon, wie hoch Gott den Glauben bewertet. Abel, Henoch, Noah, Abraham, Isaak, Jakob, Joseph, Mose, Josua, Rahab und andere werden hervorgehoben, weil sie Gott *geglaubt* haben. Es ermutigt uns, daß sie inmitten ihrer irdischen Drangsal ein so großes Vertrauen zu Gott hatten. Andere Menschen werden durch unseren Glauben gestärkt.

Geduld hervorbringen. „Wir rühmen uns auch der Bedrängnisse, weil wir wissen, daß die Bedrängnis Geduld bewirkt“ (Römer 5, 3).

Christus ähnlicher werden. „Denn die er ausersehen hat, die hat er auch vorherbestimmt, daß sie dem Bild seines Sohnes gleich sein sollten, damit dieser der Erstgeborene unter vielen Brüdern sei“ (Römer 8, 29).

Mitgefühl entwickeln. „Der . . . Gott allen Trostes, der uns tröstet in aller unserer Bedrängnis, damit auch wir die trösten können, die in irgendeiner Bedrängnis sind, mit dem Trost, mit dem wir selber von Gott getröstet werden" (2. Korinther 1, 3.4).

Gehorsam lernen. Oft soll unser Leiden uns lehren, daß wir uns ganz in Gottes Hand geben müssen, damit er uns gebrauchen kann. Der Herr befahl Jeremia, in das Haus des Töpfers zu gehen, damit er dort höre, was der Herr ihm zu sagen hätte: *„Kann ich nicht ebenso mit euch umgehen, ihr vom Hause Israel, wie dieser Töpfer? spricht der Herr. Siehe, wie der Ton in des Töpfers Hand, so seid auch ihr vom Hause Israel in seiner Hand"* (Jeremia 18, 6).

Eine junge Mutter, die ich hier Jennifer nennen will, beschäftigte sich lange mit der Frage: „Warum ich, Herr?" Sie hatte Krebs an den Stimmbändern, der nach und nach auf Zunge und Mundhöhle übergriff. Eine Radikaloperation entstellte ihr Aussehen. Nachdem ihre Zunge entfernt worden war, konnte sie nicht mehr mit ihrem Mann Joe und ihren beiden Mädchen reden. Mit ihrem jüngsten Kind, einem vierjährigen Mädchen, das noch nicht lesen gelernt hatte, konnte sie sich noch nicht einmal schriftlich verständigen.

Kurz vor ihrem Tod half Jennifer ihrem Pastor bei der Vorbereitung der Beerdigungsansprache, die zum Teil aus einem Brief bestehen sollte, den sie an ihren Mann geschrieben hatte.

„Es gibt Menschen, die in den schweren Zeiten ihres Lebens die Zurechtbringung eines liebenden Vaters sehen. Die größte Strafe Gottes ist, wenn er uns als unbelehrbar, unheilbar und blind uns selbst überläßt. Der Christ weiß, daß alles, was ihm zustößt, von einem väterlichen Gott kommt und daß ein Vater sein Kind nie unnötig Tränen vergießen läßt. Der Christ weiß, daß alles, was ihm zustößt etwas bedeutet, einen Sinn hat und dazu dient, aus ihm einen klügeren und besseren Menschen zu machen. Wir werden aufhören, uns selbst zu bemitleiden, uns zu ärgern, zu klagen und uns gegen unser Leid aufzulehnen, wenn wir daran denken, daß jede Zurechtbringung Gottes aus Liebe geschieht und das Beste für uns und andere im Sinn hat.

(Jennifer) begriff das. Vor ihrer Operation im August, schrieb sie in einem Brief an (Joe): ‚Wenn dieser Krebs — den ich fürchte und hasse — notwendig ist, um mich aufzurütteln und mein Leben in Gottes Hand zu legen, dann will ich ihn annehmen. Ich sollte Gott für dieses Unglück preisen und tue es auch. Ich bin froh, daß ich so jung erkenne, was im Leben wirklich wichtig ist. Schmerz und Leid muß ich nur kurze Zeit ertragen. Gott hat in der Ewigkeit viel Besseres für mich bereit. Ich bin so dankbar, daß ich die Bedeutung eines Lebens nach dem Tod erkenne. Ich lobe Gott, daß er mich gebrauchen will. Ich freue mich über ihn und seinen Plan für mein Leben und Sterben.'

In unserem irdischen Leben erkennen wir oft nicht, weshalb wir leiden müssen. Wir kennen vielleicht die obengenannten Gründe, weshalb Gott Leid zuläßt, aber wir wissen nicht, welche davon auf uns selbst zutreffen. Wir müssen diese Tatsache annehmen. Wenn wir uns immer wieder mit der Frage nach dem ‚Warum' quälen, haben wir kein Vertrauen in Gottes Unfehlbarkeit.

Wir sollten uns eine solche Haltung zu eigen machen: ‚Herr, wenn du mir sagen willst, warum ich so krank bin, wäre ich dir sehr dankbar. Ich möchte es so gern wissen. Aber wenn du es mir nicht zeigen willst, werde ich mich auch damit zufrieden geben. Ich will dir in jedem Fall *Vertrauen* schenken.'

In Christus können wir wenigstens ein Stück von Gottes Ziel mit uns erkennen und einen Blick in seinen großen Plan tun. Nell Collins bezeugt: ‚Der Sinn meines Lebens ist Christus zu erkennen und ihn anderen bekannt zu machen. Der Sinn meines Leidens ist, daß sich Christus in mir stark erweist, der Sinn meines Sterbens, daß ich zu ihm komme und für immer dort bleiben darf.'

‚Dann werdet ihr jubeln, nachdem ihr jetzt kurze Zeit, wenn es sein muß, mancherlei Anfechtungen zu erleiden habt, damit euer Glaube sich als echt und noch wertvoller erweist als das vergängliche Gold, das durchs Feuer geläutert wird, und damit er euch zu Lob, Preis und Ehre gereicht, wenn Jesus Christus offenbart wird' (1. Petrus 1, 6.7)."

13.

Herr, lehre uns beten

Soziologen haben eines der größten Probleme unserer Gesellschaft erkannt: Wir reden nicht miteinander. Wir teilen dem anderen etwas mit, aber wir hören ihm nicht zu. Es findet kein gegenseitiger Austausch statt.

Unser Problem liegt nicht nur darin, daß wir nicht mehr miteinander sprechen können. Wir haben auch Schwierigkeiten mit Gott zu reden. Wir reden höchstens auf ihn ein. Wir wiederholen vorgefaßte Gebete und benutzen blumige Redewendungen. Gern würden wir mit Gott über unsere tiefsten Ängste und Zweifel sprechen, aber wir fürchten, daß er so etwas nicht gerne hört. So sind unsere Gebete allzuoft oberflächlich und bedeutungslos. Weil öffentliche Gebete oft an Reden erinnern, die eher für die Zuhörerschaft als für Gott vorbereitet wurden, haben viele Leute niemals ein richtiges Gebet gehört.

Ich selbst dachte immer, es gebe drei Gebetszeiten: vor den Mahlzeiten, in der Gemeinde und in Notlagen.

Wahres Gebet ist ein Gespräch mit dem Gott des Universums. Welch ein Vorrecht! Gott will, daß wir in *ständiger* Verbindung mit ihm stehen, und uns nicht nur in besonderen Lagen an ihn wenden. Zu einem Gespräch gehören mindestens zwei. Gott spricht zu uns durch sein Wort, und wir berichten ihm von dem, was uns am tiefsten bewegt. Gebet ist das Gespräch zwischen einem liebenden Vater und seinem Kind.

Andrew Murray schreibt:

„Gebet und Gottes Wort sind nicht voneinander zu trennen. *Gott spricht zu mir in seinem Wort. Ich rede mit ihm im Gebet.* Wenn ein richtiges Gespräch stattfinden soll, müssen beide,

Gott und ich, daran teilnehmen. Wenn ich bete ohne Gottes Wort zu lesen, werde ich wahrscheinlich meine eigenen Gedanken und Worte benutzen. Das Gebet erhält seine Kraft, wenn ich Gottes Gedanken aus seinem Wort aufnehme und sie in meine Gebete einbeziehe."

Voraussetzungen für das Gebet

Die Bibel nennt uns vier Grundbedingungen für ein wirksames Gebet:

1. Der Beter muß ein Christ sein.
2. Er muß seine Schuld bekennen.
3. Er muß anderen vergeben.
4. Er muß glauben, daß Gott sein Gebet beantworten kann.

Es ist nicht erstaunlich, daß wir nicht wissen, wie wir beten sollen, oder wie das Gebet zu einem wesentlichen Bestandteil unseres Lebens wird. Selbst die Apostel hatten an dieser Stelle Schwierigkeiten.

Einer seiner Jünger sprach zu ihm: *„Herr, lehre uns beten"* (Lukas 11, 1). Wir alle brauchen Anleitung zum Gebet. Wir müssen nicht nur lernen, *wie* wir beten sollen, sondern überhaupt zu *beten.*

Christ sein

Jesus antwortete jenem Jünger mit dem Gebet, das als „Unser Vater" heute von allen Christen gebetet wird.

Dieses Gebet beginnt mit der zuerst genannten Voraussetzung für wirksames Gebet: „Unser Vater". Nur die, die ihr Leben Christus hingegeben haben, können Gott ihren „Vater" nennen. *„Allen aber, die ihn aufnahmen und an seinen Namen glaubten, denen gab er Macht, Gottes Kinder zu werden, die nicht aus dem Blut und nicht durch den Trieb des Fleisches oder den Willen des Mannes, sondern durch Gott geboren sind"* (Johannes 1, 12.13).

Die erste Bedingung für ein wirksames Gebet ist also, daß der Beter ein Christ, ein Kind Gottes ist.

Wir werden auch ermahnt, im Namen Christi zu beten. *„Und worum ihr bitten werdet in meinem Namen, das will ich tun,* *damit der Vater im Sohn verherrlicht wird. Worum ihr mich bitten werdet in meinem Namen, das will ich tun"* (Johannes 14, 13.14).

Unsere Gebete beinhalten die Fülle der Gottheit, die gesamte Dreieinigkeit. Sie sind im Namen des Sohnes in der Kraft des Heiligen Geistes an den Vater gerichtet.

Gott weiß, daß wir im zwanzigsten Jahrhundert leben. Er weiß, daß wir uns untereinander in natürlicher alltäglicher Sprache unterhalten. Natürlich sollten wir Ehrfurcht vor Gott haben. Aber es ist nicht notwendig, in altertümlicher Sprache zu beten. Wir sollten mit Gott so offen und ehrlich reden wie mit unseren besten Freunden. Es ist auch nicht nötig, daß wir uns zum Gebet niederknieen. Wir können auch beten, während wir Auto fahren oder Geschirr spülen.

Schuld bekennen

Wenn wir beten wollen, sollten wir immer daran denken, daß *Sünde* das Gebet behindert: *„Wenn ich Unrechtes vorgehabt hätte in meinem Herzen, so hätte der Herr nicht gehört"* (Psalm 66, 18).

Wenn wir uns einer Sünde bewußt sind, ganz gleich, wie unbedeutend sie uns erscheinen mag, sollten wir sie vor Gott bekennen. Sie brauchen Gott nicht um Vergebung anzuflehen. Die Vergebung ist bereits durch das Blut Christi erkauft worden. Gott hat Ihnen bereits jede Sünde vergeben, die Sie jemals begangen haben oder in Zukunft begehen werden.

Doch Sünde im Leben des Gläubigen ist wie eine Schranke zwischen ihm und Gott. Unsere Beziehung zu Gott kann nicht zerstört werden, wohl aber unsere Gemeinschaft mit ihm.

Ein Krebskranker sagte mir: „Ich weiß, daß ich Christ bin. Aber irgendwie meine ich, als sei ich weit weg von Gott."

Wenn auch Sie das Gefühl haben, Sie seien innerlich weit entfernt von Gott, ist es möglich, daß Sie irgend etwas in Ihrem Leben nicht ganz in Gottes Hand gelegt haben. Bitten Sie Gott, Ihnen zu zeigen, wo diese Schranke sich befindet. Er wird es Sie gewiß erkennen lassen. Dann ist es an Ihnen, dieses Problem vor Gott zu bekennen, seine Vergebung und Befreiung von der Sünde in Anspruch zu nehmen und das betroffene Problem hinter sich zu lassen.

Ann Walls, eine begabte Predigerin und Rednerin auf vielen christlichen Konferenzen, erzählt, wie ihr die Bedeutung des bekannten Verses 1. Johannes 1, 9 klar wurde.

Der Vers lautet: *„Wenn wir aber unsre Sünden bekennen, ist er treu und gerecht und vergibt uns die Sünden und macht uns rein von aller Ungerechtigkeit."*

Ann berichtet, wie sie an einem Sonntagmorgen ihren Sohn für den Gottesdienst fertigmachte. Ein sauber gewaschener, ordentlich gekämmter Junge in seinem Sonntagsstaat stand vor ihr. Da es noch früh war, wollte er noch etwas hinausgehen und spielen. „Natürlich darfst du noch ein wenig spielen", sagte seine Mutter. „Mach dich aber nicht schmutzig."

Wenige Minuten später kam er wieder ins Haus — von Kopf bis Fuß mit Schmutz bedeckt. Er sah sie mit traurigen Augen an und meinte: „Es tut mir leid, Mutter. Du hast gesagt, ich soll mich nicht schmutzig machen, und ich habe es doch getan."

Ann konnte ihm nicht böse sein und erwiderte: „Ich vergebe dir, mein Sohn. Aber jetzt wirst du erst mal in die Badewanne gesteckt."

Doch nun sträubte sich der Kleine. Er wollte nicht gebadet werden. Mit uns ist es oft genauso: wir wollen *Vergebung,* aber keine *Reinigung.*

Gott möchte uns vergeben und die Schmutzflecken unserer Sünde abwaschen.

Vergebungsbereitschaft

Wir müssen auch selbst Vergebung gewähren. Wenn uns jemand Böses getan hat, werden wir nicht richtig beten können, bis wir diesem Menschen vergeben haben. *„Und wenn ihr steht und betet, so vergebet, wenn ihr etwas gegen jemand habt, damit auch euer Vater im Himmel euch eure Übertretungen vergibt"* (Markus 11; 25).

Glaube

Um richtig beten zu können, müssen wir glauben, daß Gott die Macht hat, unsere Gebete zu beantworten: *„Und alles, worum ihr im Gebet bittet, werdet ihr empfangen, wenn ihr nur glaubt"* (Matthäus 21, 22).

Gott erhört vertrauensvolles Gebet, vorausgesetzt, daß die Dinge, um die wir bitten, mit seinem Plan für unser Leben übereinstimmen. Die Erhörung unseres Gebets unterliegt Gottes Souveränität, nicht unserem Wunschdenken.

Warum sollen wir beten?

Mein Sohn stellte mir einmal die Frage: „Wenn Gott sowieso schon alles weiß, warum sollen wir dann noch beten? Er weiß doch schon, was wir uns wünschen und was wir brauchen."

Es ist richtig, daß ein allwissender Gott unsere Probleme und Bedürfnisse schon kennt, bevor wir sie aussprechen. Wir können ihm nichts sagen, was er nicht ohnehin schon weiß. Dennoch möchte Gott, daß wir mit ihm reden. *„Betet ohne nachzulassen"* (1. Thessalonicher 5, 17).

Er *freut sich* an der Gemeinschaft mit uns. *„Das Gebet der Frommen ist ihm wohlgefällig"* (Sprüche 15, 8).

Unsere Gebete *verherrlichen* Gott: *„Und worum ihr bitten werdet in meinem Namen, das will ich tun, damit der Vater im Sohn verherrlicht wird"* (Johannes 14, 13).

Gebet hat *Erfolg. „Elia war ein schwacher Mensch wie wir; und er betete, daß es nicht regnen sollte, und es regnete drei Jahre und sechs Monate nicht auf der Erde. Dann betete er wieder, und der Himmel gab Regen, und die Erde brachte ihre Frucht"* (Jakobus 5, 17.18).

Wenn wir beten, folgen wir Christi *Beispiel: „Und am Morgen, schon vor Tage, stand Jesus auf und ging hinaus. Und er ging an einen einsamen Ort, um dort zu beten"* (Markus 1, 35).

Gebet gibt *Frieden* und nimmt Angst und Sorge: *„Sorgt euch um nichts, sondern in allen Dingen laßt eure Bitten in Gebet und Flehen mit Danksagung vor Gott kommen! Und der Friede Gottes, der höher ist als alle Vernunft, wird eure Herzen und Gedanken bewahren in Christus Jesus"* (Philipper 4, 6.7).

Was bewirkt das Gebet?

Gebet macht Gott zum Mittelpunkt unseres Lebens. Durch unser Gebet bekennen wir unsere Abhängigkeit von ihm und unser Vertrauen zu ihm. Gebet bringt Klarheit in unsere Gedanken und Wünsche. Es hilft uns, Sünde zu erkennen und zu bekennen. Es hilft uns, Gott zu vertrauen, daß er die Belange unseres Lebens in Übereinstimmung mit seinem Willen regelt.

Unser Gebetsleben wird lebendiger, wenn es bestimmte Elemente enthält: Lob, Bekenntnis, Dank, Bitten für andere und für uns selbst.

Allezeit Dank sagen?

1. Thessalonicher 5, 18 gebietet uns, mit einem dankbaren Herzen zu beten: *„Seid dankbar für alles; denn das ist der Wille Gottes in Christus Jesus für euch."*

In allen Dingen dankbar sein? Auch jetzt für den Krebs danken?

Sie *fühlen* sich sicher nicht besonders dankbar, aber das ist ganz normal. Es wird eine Weile dauern, bis das Gefühl der Tat folgen kann. Sie können dennoch beten: „Herr, ich fühle mich jetzt nicht sehr dankbar, aber ich danke dir trotzdem, weil ich weiß, daß ich dir unter allen Umständen vertrauen kann."

Es ist immer schwer, Gott für etwas zu danken, was in unseren Augen als ein großes Unglück erscheint. Gott für den nahenden Tod zu danken, sei es der eigene oder der Tod eines Angehörigen, erscheint uns ein ungeheuerliches Ansinnen. Zumal, wenn es sich womöglich noch um den Tod unseres Kindes handelt. Doch wurde dieser Dank einmal vor Gott ausgesprochen, wird ein Friede, der alles Verstehen übersteigt in das Herz des Danksagenden einziehen.

Unbeantwortete Gebete

Oft sind Christen enttäuscht, wenn es so scheint, daß ihre Gebete nicht erhört werden.

Die Bibel nennt einige Gründe, warum Gebete scheinbar unbeantwortet bleiben. Manchmal sagt der Herr ja, ein anderes Mal nein, ein drittes Mal gebietet er uns zu warten.

Wenn unsere Bitte sich nicht in Übereinstimmung mit Gottes Willen befindet, wird er sie uns abschlagen müssen.

Wenn wir um etwas bitten, was unserem eigenen *Heil* unzuträglich ist, wird auch das nicht gewährt werden.

Unser Gebetsleben ist dann am lebendigsten, wenn wir uns vom Heiligen Geist lenken lassen und wenn Christus der Mittelpunkt unseres Lebens ist.

Gottes Ziele sind weiter gesteckt als unsere. Er weiß besser als wir, wann und wie er unsere Gebete beantwortet, so daß er verherrlicht wird.

Hilf mir, Herr

Manchmal geht es uns so schlecht, daß wir nur noch flehen können: „Hilf mir, Herr!“ Als Gottes Kind können Sie sicher sein, daß dieses Gebet erhört wird.

Charles H. Spurgeon (1834—1892) schreibt in einem seiner Andachtsbücher, daß Jesus folgendermaßen zu uns sprechen könnte:

„Es ist für mich, deinen Gott, nur ein Kleines, dir zu *helfen.* Bedenke, was ich schon für dich getan habe. Was? Ich sollte dir nicht helfen? Ich habe dich ja mit meinem Blut erkauft. Ich sollte dir nicht helfen? Ich bin für dich gestorben. Wenn ich nun schon das Größte für dich getan habe, sollte ich nicht auch Geringeres zuwege bringen? Dir *helfen?* Das ist das Geringste, was ich für dich tun will. Ich *habe* mehr getan, und ich *werde* mehr tun. Vor Beginn der Welt habe ich dich erwählt. Ich habe den Bund für dich geschlossen. Ich habe meine Herrlichkeit verlassen und wurde Mensch für dich. Ich habe mein Leben für dich gegeben. Wenn ich das alles für dich getan habe, kannst du gewiß sein, daß ich dir auch jetzt helfe.“

Es überrascht uns vielleicht, daß Gott uns oft *hilft,* indem er uns klarmacht, daß wir völlig von ihm abhängig sind. Es erscheint uns unlogisch, aber Gott kann unser Leben nur dann gebrauchen, wenn wir es völlig in seine Hand legen und uns von ihm leiten lassen.

Wir glauben oft, Gott möchte, daß wir uns selbst bemühen und abquälen. Erst, wenn wir mit unseren Problemen nicht selbst zu Rande kommen, sollen wir ihn um *Hilfe* bitten. Gott will jedoch, daß unser altes *Ich* beiseite tritt, damit er in uns wirken kann.

Diese Wahrheit begreifen wir dann deutlich, wenn wir im Bewußtsein unserer eigenen Unzulänglichkeit auf Umstände stoßen, die sich unserem Einfluß entziehen. Wir begreifen dann wie Paulus: *„Laß dir an meiner* (Christi) *Gnade genügen; denn meine Kraft ist in den Schwachen mächtig"* (2. Korinther 12, 9).

14.

Wunderheilungen

In Kreisen der Gläubigen gibt es zur Zeit viele Gruppen, die großen Wert auf körperliche Heilung legen. Man hört immer wieder von Wunderheilungen durch Menschen, die von sich behaupten, sie hätten die „Gnadengabe der Heilung". Fast alle tun ihr Werk in dem Namen Jesu Christi.

Es ist daher wichtig für uns, daß wir wissen und verstehen, was die Bibel über Heilung sagt, besonders, wenn wir an einer so schweren Krankheit wie Krebs leiden.

Die meisten Gruppen, die so großen Wert auf körperliche Heilung legen, meinen, daß Satan der Urheber aller Krankheit ist. Das ist sicher richtig, wenn wir bedenken, daß er es war, der Eva zur Sünde verführte. Da er also der Urheber des Sündenfalls ist, ist er in diesem Sinn auch der Urheber aller Krankheit (siehe siebtes Kapitel).

Die Bibel nennt uns jedoch verschiedene Ursachen für Krankheiten, von denen einige überhaupt nichts mit Satan zu tun haben. Wenn wir bestimmte körperliche Gesetze verletzen, können wir krank werden. Richtige Ernährung, körperliche Bewegung, ausreichender Schlaf, sanitäre Einrichtungen und andere Dinge sind notwendig, damit wir gesund bleiben. Auch eine Verletzung der Gebote Gottes kann Krankheit zur Folge haben. Manchmal (aber nicht immer) schickt Gott Krankheit, um sein Kind auf den rechten Weg zu bringen (siehe 2. Samuel 12, 15.18; 2. Könige 15, 5; 1. Korinther 11, 29—32). Gott läßt auch Krankheit zu, um sich zu verherrlichen und um unseres Heils willen.

Wenn Satan der Urheber der Krankheit ist (und das ist zuweilen der Fall), müssen wir daran denken, daß Gott *es zuge-*

lassen hat. Als Christen kann uns nichts geschehen, was nicht dem Willen Gottes entspricht. Das kommt im Buch Hiob deutlich zum Ausdruck. Hiob war ein gottesfürchtiger Mann, der in enger Gemeinschaft mit seinem Herrn lebte. Satan wollte Gott beweisen, daß Hiob ihm nur deshalb treu war, weil er ein so angenehmes Leben führte. Gott gestattete Satan, Hiob in Anfechtung zu führen. Er verlor seine Familie, seinen Reichtum, seine Gesundheit. Gott gebrauchte Hiob, um zu zeigen, daß der Glaube uns durch jede Heimsuchung hindurchtragen kann. Satan konnte jedoch nur eingreifen, weil Gott es ihm erlaubt hatte. Und selbst dann setzte Gott ihm Grenzen.

Dieser Vorstellung begegnen wir jedoch nicht nur im Alten Testament. Der Apostel Paulus hatte seinen „Pfahl im Fleisch". Seine uns unbekannte Krankheit beschrieb er als *„der Engel des Satans, der mich mit Fäusten schlagen soll"* (2. Korinther 12, 7). Paulus betete um Befreiung von diesem Leiden, Gott gab ihm statt dessen Kraft, es zu ertragen.

Warum ließ Gott es zu, daß Hiob und Paulus leiden mußten? Wir können seine Wege oft nicht begreifen. Aber die Tatsache, daß diese beiden treuen Diener Gottes ebenfalls litten, ist ermutigend für uns. Es hilft uns, daran zu denken, daß Gott weiß, warum wir leiden, selbst wenn wir es nicht verstehen können.

Medizin ist eine Gabe Gottes

Ich bin überzeugt, daß die Medizin selbst eine der wunderbaren Gaben Gottes ist. Gott gab uns unseren Verstand und schenkte uns in der Natur viele Dinge, die wir uns zunutze machen können. Wie hätte der Mensch sonst wissen können, wie Wurzeln, Rinde, Öl und Wein für medizinische Zwecke zu nutzen seien?

Paul R. van Gorder, Lehrer der Rundfunk-Bibelschule, meint: „Der Herr wirkt keine Wunder, wenn die Heilung durch menschliche Mittel herbeigeführt werden kann." Es ist in der Tat töricht, wenn wir vom Wissen des Arztes keinen Gebrauch machen wollen. Obwohl Jesus oft auf wunderbare Weise Heilungen bewirkte, bejahte er doch die sinnvolle Nutzung der Medizin. Van Gorder fährt fort:

„Auch bei der Geschichte vom barmherzigen Samariter erwähnt Jesus die medizinische Heilung. Ein Mann war von Räubern überfallen worden, die ihn schlugen, ausplünderten und halbtot liegen ließen. Jesus berichtet uns, daß der Samariter die Wunden des Ausgeraubten mit ‚Öl und Wein' behandelte. Öl und Wein waren zu jener Zeit medizinische Heilmittel und sind in der Tat auch heute noch zwei hervorragende Arzneien."

Welche Rolle spielt der Glaube bei der Heilung?

Wer dem Kranken eine Wunderheilung verspricht, betont in der Regel, es sei immer Gottes Wille, daß ein Christ geheilt werde. Die Heilung erfolge jedoch nur, *wenn der Kranke genug Glauben habe.*

Nun können wir aber nicht an der Tatsache vorbei, daß Gott nicht immer unsere Nöte beseitigt, ganz gleich, wieviel Glauben wir aufbringen.

Der Verfasser des Hebräerbriefes bezeugt von gläubigen, gottesfürchtigen Menschen: *„Diese haben durch den Glauben Königreiche bezwungen, Gerechtigkeit geschaffen, Verheißungen erlangt, Löwen den Rachen gestopft, gewaltige Feuer ausgelöscht, sind der Schärfe des Schwerts entronnen, als Schwache zu Kräften gekommen, stark geworden im Kampf und haben fremde Heere zum Weichen gebracht. Frauen haben ihre Toten durch Auferstehung wiederbekommen"* (Hebräer 11, 33—35).

Bis dahin ist der Bericht überwältigend, und es liegt auf der Hand, daß Gott viele Wunder vollbracht hat. Doch der nächste Abschnitt ist ungeheuer wichtig und darf nicht übersehen werden. Wir lesen oft von den Wundern, die früher geschahen, und nehmen an, daß diese Wunder auch heute noch geschehen könnten, wenn wir nur genug Glauben aufbrächten.

Nicht alle, die einen festen Glauben hatten, konnten dem körperlichen und seelischen Leiden entgehen. Wenn wir im Hebräertext weiterlesen, merken wir, daß diese gottesfürchtigen Männer und Frauen großes Leid ertragen mußten:

„Andere aber sind zu Tode gefoltert worden und haben die Freilassung nicht angenommen, um die Auferstehung, die

besser ist, zu erlangen. Wieder andere haben Spott und Geißelung erlitten, dazu Ketten und Gefängnis. Sie sind gesteinigt, zersägt und durchs Schwert getötet worden; sie sind umhergezogen in Schafpelzen und Ziegenfellen; sie haben Mangel, Trübsal und Mißhandlungen erduldet. Sie, deren die Welt nicht wert war, sind umhergeirrt in Wüsten und auf Bergen, in Höhlen und in Erdlöchern" (Hebräer 11, 35—38).

Jeder, der das elfte Kapitel des Hebräerbriefes liest, kommt nicht an der Tatsache vorbei, daß die ersten Christen ungeheure körperliche und seelische Leiden ertragen mußten. Sie bewiesen ihren Glauben inmitten furchtbarer Lebensumstände. Ist es nicht möglich, daß Gott das auch von uns erwartet?

Es gibt in der Bibel viele Beispiele, wo die Beseitigung schwieriger Umstände oder körperlicher Krankheit nicht in Gottes Plan paßt. Manchmal schenkte Gott Heilung, ein anderes Mal beließ er die Menschen in ihrer Krankheit. Dasselbe gilt auch für unsere Zeit.

Gott kann einen kranken Menschen auf vielerlei Weise gebrauchen. Er wird daher die Krankheit nicht immer von uns nehmen (siehe 12. Kapitel, wo Gründe genannt werden, weshalb Gott Krankheit zuläßt).

Glaubensstärke

Auch unsere Glaubensstärke bringt uns nicht weiter. Wichtig ist nur: *In wen oder was* haben wir unser Vertrauen gesetzt?

Nehmen wir einmal folgendes Beispiel: Zwei Männer wollen einen zugefrorenen Fluß überqueren. Der erste wagt sich voller Angst und Zittern zögernd auf das Eis. Er bewegt sich langsam und vorsichtig Stück für Stück auf das andere Ufer zu. Dieser Mann hat einen *schwachen* Glauben. Sein Gefährte ist mutig und zuversichtlich. Sicher und unbefangen überquert er den Fluß; er hat einen *starken* Glauben. Soweit es die Flußüberquerung betrifft ist die Stärke des Glaubens nicht von Bedeutung.

Um überhaupt einmal auf das Eis zu treten, ist Glaube und Vertrauen nötig. Wichtig ist jedoch der *Gegenstand* dieses Vertrauens. In unserem Fall ist es das Eis. Wenn das Eis trägt, werden beide Männer zu ihrem Ziel gelangen, unabhängig davon, wie stark oder wie schwach ihr Glaube ist. Derjenige, der großes Vertrauen hat, wird eine angenehmere Wanderung haben. Aber beide werden letztlich an das andere Ufer gelangen.

Für uns ist es wichtig, daß wir unser Vertrauen in Jesus Christus setzen. Ob wir schwach und furchtsam oder stark und mutig sind, ist nicht entscheidend. Wichtig ist, in *wen* wir unser Vertrauen setzen — und er wird uns nicht enttäuschen.

Der Mann, der kühn und zuversichtlich über das Eis marschierte, hat diesen zugefrorenen Fluß vielleicht schon einmal überquert. Je mehr wir uns vertrauensvoll an Jesus wenden, desto zuversichtlicher werden wir.

Ich besuchte einmal eine Krebskranke namens Lois, die den ganzen Tag auf ihrem Sofa liegen mußte. Sie war sehr erschöpft, weil sich ihr Krebs, der ursprünglich in der Brust aufgetreten war, auf verschiedene andere Organe und die Knochen ausgebreitet hatte. Sie hatte Christus als ihren Erlöser angenommen, war aber noch jung im Glauben. Ihre Tochter war aktives Mitglied in einer Gruppe, die sich mit Wunderheilungen beschäftigte. Sie setzte ihrer Mutter Tag für Tag zu, daß sie geheilt werden würde, wenn ihr Glaube nur stark genug sei. Von Zeit zu Zeit verschwanden die Symptome ihrer Krankheit. Lois glaubte nun, Gott habe ihren starken Glauben belohnt und sie geheilt. Verspürte sie dann wieder Anzeichen ihrer Krankheit, so pflegte sie zu sagen, daß ihr Glaube eben „nachgelassen“ hätte. Als ihr Zustand sich mit der Zeit verschlimmerte, bekam sie immer größere Schuldgefühle. Lois starb in der Annahme, daß sie hätte geheilt werden können, wäre ihr Glaube „stark genug“ gewesen. Wie grausam! Wohlmeinende und ernsthafte Christen können oftmals großes Leid hervorrufen.

Unser Gott ist groß und mächtig. Er hat heute nicht weniger Macht, als zu der Zeit, in der er das Weltall erschuf oder in Galiläa Kranke heilte. Er hat noch immer die Kraft, unseren Körper zu heilen — und manchmal tut er es auch. Aber wenn ich einem Menschen körperliche Heilung verspreche, stelle ich meinen Wunsch, der dem begrenzten Menschenverstand entspringt, über die Souveränität Gottes.

Vom menschlichen Standpunkt aus gesehen würde ich Ihnen liebend gern versprechen, daß Gott ihren Körper heilt. Das wäre so leicht und würde Sie glücklich machen. Aber Gott behandelt nicht alle seine Kinder gleich. Er hat vielleicht im Himmel viel größere Pläne für sein Kind, als wir es uns hier auf der Erde vorstellen können. Wenn wir enttäuscht sind, daß Gott uns nicht geheilt hat, heißt das, daß wir den Himmel *geringer* einschätzen, als eine Heilung.

Andere Wunderheilungen

Krebskranke sind eine leichte Beute für Menschen, die ihnen durch ein neues Medikament, eine andere Behandlungsart oder eine besondere Diät Heilung versprechen.

Solange man noch nicht weiß, welche Ursachen den verschiedenen Krebsarten zugrunde liegen und daher noch kein endgültiges Heilmittel entwickelt wurde, werden Quacksalber und Scharlatane ihr großes Geschäft machen. Oft geben Menschen ihr letztes Geld für Heilmittel aus, die die Ausbreitung der Krebszellen nicht im geringsten aufhalten, geschweige denn eine Heilung bewirken.

Sollten Sie sich dennoch dazu entschließen, irgendeine andere Behandlungsmethode als die Ihnen vom Arzt verordnete zu erproben, dann setzen Sie Ihren Arzt davon in Kenntnis und halten Sie ihn auf dem laufenden.

Seinen Namen verherrlichen

Nell Collins meint: „Wenn wir Gottes Kinder geworden sind, möchte er, daß wir seinem Namen Ehre machen; wie, das entscheidet er allein. Einer verherrlicht ihn auf dem Krankenbett, ein anderer, während er an Krebs stirbt. Wieder ein anderer verherrlicht Gott durch eine besonders gute Gesundheit oder großen Reichtum. Entscheidend ist, daß wir nicht Gott mitteilen, wie *wir* ihn verherrlichen wollen. Wir wollen annehmen, was er uns zugedacht hat. Dann werden wir begreifen, wie er das, was uns als großes Unglück erscheint, zu seiner Ehre gebrauchen kann."

15.

Wenn der Tod naht

„Ich lege mich nun zum Schlafen nieder und bitte dich, Herr, bewahre meine Seele. Wenn ich sterben sollte, bevor ich erwache, bitte ich dich, Herr, nimm meine Seele zu dir!“ (Verfasser unbekannt.)

Dieses kleine Gebet habe ich als Kind gelernt und viele andere mit mir. Wir haben es so oft hergesagt, daß sich in unserem Unterbewußtsein allmählich die Vorstellung festsetzte, daß es unsicher sei, ob Gott uns annehmen werde, wenn wir sterben. Kein Wunder, daß wir Angst vor dem Tod haben.

Der Krebskranke fürchtet sich vor dem Sterbe*vorgang* ebensosehr, wie vor dem Tod selbst. Doch Gott läßt uns nicht im Ungewissen, wie es in diesem Kindergebet den Anschein hat. Die einzige Möglichkeit, dem Tod mit Zuversicht zu begegnen, ist, daß wir Gott und dem, was er in der Bibel über den Tod gesagt hat, Vertrauen schenken.

Wenn sie Krebs im Endstadium haben, werden Sie jetzt wahrscheinlich mehr über den Tod nachdenken als jemals zuvor in Ihrem Leben.

Tod und Sterben

Die Menschen sind heute aufgeschlossen für das Thema Tod und Sterben. Die Massenmedien veröffentlichen viele Bücher und Artikel über dieses Thema. Amerikanische Showmaster machen den Tod zum Thema von Talkshows. In vielen amerikanischen Gymnasien und Universitäten kann man Kurse über das Sterben belegen. Die Menschen sprechen offener über den Tod als je zuvor. Dabei werden allmählich die Tabus abgebaut, die dieses Thema umgeben.

Man spricht mit Ärzten, Krankenschwestern, Psychiatern und Pastoren über den Tod. Selbst sterbenskranke Menschen werden interviewt. Doch zu oft geschieht es, daß selbst in unserer „aufgeklärten" Zeit Menschen fast unvorbereitet vor dem Ende ihres Lebens stehen. Sie hatten zu wenig Gelegenheit, offen über den Tod zu reden, und spielen sich und anderen etwas vor.

Ärzte haben gelernt, Krankheiten zu behandeln. Sie sehen im Tod den letzten Feind und kämpfen mit allen Mitteln gegen ihn an. Viele Ärzte sehen im Tod jedoch ein Versagen ihres eigenen Könnens, und einigen fällt es selbst schwer, die Wirklichkeit des Todes anzuerkennen.

Oft ist der Patient derjenige, der ein offenes Gespräch beginnen muß. Sagen Sie Ihrem Arzt, daß Sie alles wissen möchten, soweit das zutrifft. Sagen Sie Ihren Angehörigen, daß Sie über den Tod reden wollen, wenn sie es wünschen, daß das Stillschweigen über dieses Thema durchbrochen wird. Sie müssen Ihrer Bitte unter Umständen Nachdruck verleihen, da Ihre Familie vielleicht nicht gern darüber spricht. Wenn *Sie* jedoch dieses Thema nicht anschneiden, haben Ihre Angehörigen vielleicht nicht den Mut, es zu erwähnen. Je offener und aufrichtiger Sie selbst sind, desto ehrlicher werden die anderen mit Ihnen sprechen können.

Folgende Überlegungen könnten eine Hilfe sein, sich mit dem Thema Tod auseinanderzusetzen.

Kostbarkeit des Lebens

Das Sterben ist ein Teil des Lebens. Jeder Mensch ist heute seinem Tod einen Tag näher als gestern. Jeder Tag ist kostbar. Deshalb sollten wir die uns verbliebene Zeit nicht damit zubringen, darüber zu trauern, daß dieses Leben einmal ein Ende hat.

Das Leben voll ausschöpfen

Niemand weiß, wie lange er noch zu leben hat und was ihm der morgige Tag bringen wird. Aber es gilt jeden Tag voll auszuschöpfen. Gott möchte, daß wir für ihn leben. Selbst wenn man ans Bett gefesselt ist, kann man im Dienst des Herrn stehen. Eine reizende gläubige Dame mußte den ganzen Tag im Bett verbringen. Aber sie wurde Hunderten von Menschen zum Segen, weil sie ihre Zeit damit zubrachte, Menschen in Not anzurufen und aufmunternde Briefe zu schreiben. Die mächtigsten Beter sind oft solche Menschen, die durch Krankheit oder Gebrechlichkeit ans Haus gefesselt sind. Bitten Sie Ihren Pastor um eine Aufstellung der Gebetsanliegen Ihrer Gemeinde. Beten Sie besonders für Missionare und andere, die sich für die Verbreitung des Evangeliums einsetzen. Es wird Ihnen große Freude bereiten, wenn Sie sehen, wie Gott Ihre Gebete erhört.

Hoffnung für die Trauernden

Es ist nicht ungewöhnlich oder falsch, über den Verlust eines geliebten Menschen oder des eigenen Lebens zu trauern. Jesus weinte über den Tod seines Freundes Lazarus. Und in der Nacht vor seiner eigenen Kreuzigung war er tief betrübt.

Die Familienangehörigen trauern, weil sie einen ihnen nahestehenden Menschen verlieren. Der Sterbende ist bekümmert, weil er *alle* verliert, die ihm lieb waren. Der Christ trauert, aber er braucht sich keine Sorgen zu machen wie jene, die keine Hoffnung haben.

Der Gläubige kann sich trotz seiner Trauer an die wunderbare Verheißung klammern, daß er einst mit seinen Glaubensbrüdern und -schwestern im Himmel vereint sein wird. Diese christliche Hoffnung ermutigt den Gläubigen, mit nahestehenden Menschen über seinen Glauben zu sprechen. Oft geschieht es, daß ein Christ, der im Sterben liegt, seinen Pastor bittet, bei der Trauerfeier die Botschaft von der Erlösungstat Christi zu verkündigen. Er wünscht sich, daß alle Angehörigen und Freunde, die sich noch nicht für Christus entschieden haben, wissen, auf *was* sich sein Glaube gründet.

Ablehnung des Todes

In unserer Gesellschaft ist der Tod unpersönlich geworden. In Fernsehfilmen sehen wir Tausende von Menschen sterben.

Oft handelt es sich — wie in den Nachrichtensendungen — sogar um echte Todesfälle. Doch in unserem eigenen Leben versuchen wir die Wirklichkeit des Todes zu verdrängen. In der Medizin sehen wir unseren Retter, der mit der Zeit alle Krankheit besiegen wird. Viele Ärzte, Krankenschwestern und andere Personen, die im Gesundheitswesen beschäftigt sind, können oft ihre eigene Sterblichkeit nicht annehmen. Sie gehen daher Gesprächen über den bevorstehenden Tod gern aus dem Weg.

Familiäre Beziehungen

Familien, die vor Ausbruch der schweren Krankheit eine enge Gemeinschaft untereinander hatten, scheinen den Kummer um eine zum Tode führende Krankheit besser ertragen zu können, als Familien, deren familiäre Bindungen weniger eng waren. Oft geschieht es, daß Familien sich von dem Kranken zurückziehen. Sie sind so von ihrem eigenen Elend und ihrer Angst gefangengenommen, daß sie nicht in der Lage sind, mit dem Kranken ein ernsthaftes Gespräch zu führen. Manchmal fühlt sich der Kranke auch schuldig, weil er auf die Fürsorge anderer Menschen angewiesen ist. Eine Frau meinte, sie fühle sich schlecht, weil sie ihrer Familie „so viele Unannehmlichkeiten" bereite.

Die Angehörigen entwickeln ihrerseits Schuldgefühle wegen früherer Verhaltensweisen gegenüber dem Kranken. Diese Schuldgefühle hindern den Patienten und seine Familie, frei und offen miteinander zu reden. Vielleicht könnte in einer solchen Zeit Versöhnung innerhalb der Familie stattfinden, wie sie unter normalen Umständen nicht möglich wäre. Zögern Sie nicht, den ersten Schritt zu tun, um solche zerstörten Beziehungen wieder aufzurichten.

Einsamkeit des Kranken

Eines der stärksten Gefühle des Kranken ist oft tiefe Einsamkeit. Untersuchungen haben gezeigt, daß Krankenschwestern oft doppelt so lange brauchen, bis sie auf die Alarmglocke eines sterbenden Patienten erscheinen wie bei anderen Kranken. Die Arztvisiten sind weniger häufig und kürzer als bei anderen Patienten, obwohl niedergelassene Ärzte, die über dieses Thema schreiben, deutlich machen, wie wichtig häufige Besuche beim Kranken und seiner Familie sind. Familienangehörige und Freunde halten sich oft ebenfalls vom Kranken fern, weil sie nicht wissen, was sie mit ihm reden sollen.

Cicely Saunders, die schon viele todkranke Patienten behandelt hat, berichtet: „Der Sterbende braucht vor allen Dingen jemanden, der ihm zuhört und ihn versteht. Diejenigen, die sich von dem Patienten fern halten, weil sie das Gefühl haben, sie würden den Kranken gar nicht verstehen, sollten bedenken, daß unser Wunsch und Versuch, den Kranken zu verstehen — und nicht unser Erfolg — seine so schwer zu ertragende Einsamkeit lindert."

Der Glaube des Patienten

Saunders berichtet auch, daß Patienten mit einem starken religiösen Glauben am wenigstens ängstlich sind. Menschen mit einem lauen Glauben seien dagegen ängstlicher als solche, die gar keinen Glauben haben. Es besteht also ein großer Unterschied zwischen Menschen mit einem „verinnerlichten" Glauben und solchen, deren Religion nur Fassade ist. „Der Glaube von Menschen, die die Religion für eine Art Versicherung gegen Unglück halten, ist nicht so stark, daß er sich in einer Notlage bewährt. Vor dem Tod entwickeln manche jedoch einen reiferen Glauben."

Angst vor Schmerzen

Beim bloßen Wort *Krebs* entsteht bei den meisten Menschen die große Furcht, daß diese Krankheit auf jeden Fall starke und nicht zu lindernde Schmerzen mit sich bringt.

Cicely Saunders schreibt in einer Fachzeitschrift, daß diese Vorstellung falsch ist und unnötiges Leiden hervorrufen kann.

„Die Menschen warten ängstlich auf den Ausbruch der Schmerzen. Wenn diese dann tatsächlich auftreten, beklagen sich diese Kranken nicht und erhalten keine Erleichterung, weil sie die Schmerzen als unvermeidlich ansehen. Eine Bezirkskrankenschwester, die unser Krankenhaus einmal besuchte, meinte traurig: ‚Sie wissen nicht, wie wenig Schmerzen sie haben könnten.'"

Cicely Saunders erklärt, daß fünfzig Prozent der Menschen, die an bösartigen Krankheiten sterben, überhaupt keine Schmerzen zu leiden brauchten. Bei weiteren zehn Prozent sind nur geringfügige Schmerzen zu erwarten. Die stärkeren Schmerzen der übrigen vierzig Prozent „können beseitigt werden. Der Kranke fühlt sich wohl, kann die Gesellschaft seiner Mitmenschen genießen und oftmals sogar bis kurz vor seinem Tod auf den Beinen sein".

Sie ist der Ansicht, daß „erfolgreiche Behandlung viel Phantasie und Ausdauer erfordert". Wenn Sie starke Schmerzen haben, die durch Ihre Medikamente nicht gelindert werden, lassen Sie sich noch einmal von einem anderen Arzt untersuchen, der ein Fachmann auf diesem Gebiet ist. Die meisten Ärzte nehmen gern Rücksprache mit einem Kollegen und wollen es Ihnen so angenehm wie möglich machen.

In den USA und in England gibt es eine Bewegung, die es sich zur Aufgabe macht, Sterbende zu betreuen. Da der normale Krankenhausbetrieb darauf ausgerichtet ist, Leben zu retten und Krankheit zu heilen, kann er in vielen Fällen den Bedürfnissen des todkranken Patienten nicht gerecht werden. Hier will nun diese Bewegung helfen. Sie unterhält Kliniken, die durch ein besonderes familiäres Klima gekennzeichnet sind, und pflegt dort todkranke Patienten.

Das ist grundsätzlich nichts Neues. In verschiedenen Kulturen vom Altertum bis in die Neuzeit hat man sich der Sterbenden schon immer besonders angenommen. Das Problem unseres Jahrhunderts besteht darin, daß uns der Tod wie eine Beleidigung unseres großen Wissens und unserer Technologie erscheint. Jemand hat geschrieben, daß in den USA eine Neigung besteht, „den Tod als technischen Irrtum anzusehen und die Sterbenden wie einen Geschäftsverlust abzuschreiben".

Die Bewegung, die sich der Sterbenden annimmt, begann in England. Man hatte erkannt, daß die Bedürfnisse der Sterbenden nicht berücksichtigt wurden. In den USA werden im ganzen Land ständig neue Kliniken gegründet. In der Regel können Familienmitglieder dort angeleitet werden, den Sterbenden zu Hause zu pflegen. Die meisten Patienten wollen so oft wie möglich zu Hause bei ihren Familien sein. Wenn jedoch die häusliche Pflege nicht ausreicht, kann der Kranke in der Klinik aufgenommen werden.

Die Mitarbeiter der Klinik sind darauf bedacht, die Schmerzen des Kranken zu lindern und ihm das Gefühl zu geben, daß er in einer häuslichen Atmosphäre umsorgt wird. Dabei wird natürlich die Krankheit mit allen Mitteln bekämpft.

Was ist der Tod?

Ob ein Mensch zu Hause stirbt, in einem Krankenhaus, Pflegeheim oder in einer Klinik — immer wird er bestimmte Ängste im Blick auf seinen Tod haben.

Für den Sterbenden ist der Tod nicht mehr Gegenstand einer abstrakten philosophischen Debatte. Er ist Wirklichkeit. Er steht unmittelbar bevor, und er betrifft ihn ganz persönlich. Gott läßt uns nicht im unklaren über den Tod. Ein Mensch, der glauben will, was uns die Bibel über den Tod sagt, ist tief getröstet, wenn sein eigener Tod bevorsteht.

Die Bibel kennt zwei Arten von Tod: Der leibliche Tod ist die Trennung der Seele vom Körper. Der geistliche Tod ist die Trennung der Seele von Gott.

Unser geistliches Leben beginnt, wenn wir uns Jesus Christus anschließen. Wenn wir ihn in unser Leben aufnehmen, sind wir „wiedergeboren". Diese geistliche Geburt bringt uns vom geistlichen Tod zum geistlichen Leben. Deshalb kann ein Christ sich am Abend zur Ruhe legen und wissen (nicht hoffen), daß er sofort bei Christus ist, sollte er in dieser Nacht sterben (2. Korinther 5, 8).

Der Mensch hat sich immer wieder Gedanken über den Tod gemacht. Er hat alle möglichen Vorstellungen und Theorien über den Tod entwickelt, die ihren Ursprung jedoch allesamt in seiner eigenen Gedankenwelt haben. Durch die Entdeckungen der Archäologie wissen wir, daß Menschen jeder Kultur und Zivilisation an eine übernatürliche Macht geglaubt haben. Allen gemeinsam ist der Glaube, daß der Geist fortbesteht, auch wenn der Körper stirbt. Es hat von Zeit zu Zeit Hunderte von Theorien über das Leben nach dem Tod gegeben. Auch heute sind noch unzählige solcher Vorstellungen im Umlauf.

Woran erkennen wir, daß diese Theorien falsch sind? Gott hat uns einen Maßstab gegeben, auf Grund dessen wir jede dieser Theorien beurteilen können. Diese Richtschnur ist die Bibel. Wenn eine bestimmte Vorstellung im Widerspruch zu Gottes Wort steht, kann sie nicht richtig sein.

Ich möchte im Folgenden einige Theorien vorstellen, die von unseren Zeitgenossen vertreten werden:

Kein Leben nach dem Tod

Einige Menschen glauben, daß es nach diesem Leben nichts mehr geben wird. Diese Vorstellung machen sich Werbefachleute zunutze, wenn sie nach dem Motto: „Man lebt nur einmal" ihre Waren anpreisen. Mittelbar wird diese Vorstellung von der Evolutionstheorie gestützt, die uns glauben machen will, der Mensch sei nicht mehr als ein hochentwickeltes Tier.

Vernichtung der Bösen

Die Guten leben ewig, die Bösen werden ausgelöscht. Dieser Vorstellung wird in vielen Beerdigungsansprachen Ausdruck verliehen, in denen immer wieder betont wird, wie „gut" der Verstorbene gewesen sei. „Er war ein guter Mensch", sagen seine Bekannten. Sie wollen damit zum Ausdruck bringen, daß sein Gutsein ihm einen Platz im Himmel sichert. Die „bösen" Menschen werden ausgelöscht.

Seelenwanderung

Diese Vorstellung besagt, daß die Seele des Menschen nach seinem Tod in einem anderen Körper weiterlebt. Dieser Theorie begegnet man häufig in okkulten oder östlichen Religionen. Sie ist die Grundlage für Theorien über ein zweites oder drittes Leben auf dieser Erde nach dem Tod.

Allversöhnung

Die am weitesten verbreitete Theorie beruht auf Gottes vollkommener Liebe. Seine vollkommene Gerechtigkeit wird dabei außer Acht gelassen.

„Gott ist Liebe", sagt man, „und ein liebender Gott wird niemanden verdammen." (Weil Gott Liebe ist, hat er ja gerade eine für alle zugängliche Möglichkeit geschaffen, damit wir gerettet werden.)

Diese Vorstellungen, so verlockend sie sein mögen, sind falsch, weil sie im Widerspruch zur Bibel stehen. Sie sind außerdem gefährlich, weil sie den Menschen ein falsches Gefühl der Sicherheit vermitteln.

Die menschliche Seele ist unsterblich

Die Bibel lehrt uns, daß die menschliche Seele unsterblich ist: *„Da machte Gott der Herr den Menschen aus Erde vom Acker und blies ihm den Odem des Lebens in seine Nase. Und so ward der Mensch ein lebendiges Wesen"* (1. Mose 2, 7).

Gott schuf den Menschen vollkommen und für alle Ewigkeit. Die Vollkommenheit des Menschen wurde durch die Sünde zerstört, aber seine Seele lebt ewig. Das gilt für Gläubige und Ungläubige.

Der sündige Mensch *kann nicht* in Ewigkeit bei Gott sein. Das wäre unvereinbar mit Gottes Heiligkeit. Jeder Sünder ist in seinem irdisches Leben von Gott *entfremdet* und in alle Ewigkeit von ihm getrennt. In diesem Zustand des „geistlichen Todes" befindet sich ein Mensch ohne Christus.

In einer Anmerkung der *Scofield Bibel* heißt es: „Geistlicher Tod ist der Zustand des natürlichen oder nicht wiedergeborenen Menschen, der noch in Sünde lebt." Dieser Mensch ist „vom Leben in Gott entfremdet und hat nicht den Heiligen Geist. Nach dem körperlichen Tod ist der geistliche Tod ein Zustand der ewigen Trennung von Gott, der in vollem Bewußtsein erlitten wird".

Wir alle haben diese ewige Gottesferne verdient, da keiner an Gottes Maßstab für Vollkommenheit heranreicht.

Die gute Nachricht

Das Wort *Evangelium* bedeutet „gute Nachricht". Die gute Nachricht besagt, daß Gott uns so sehr geliebt hat, daß er seinen Sohn sandte, für uns zu sterben. Er sollte die Strafe für unsere Sünden auf sich nehmen, damit wir in Ewigkeit bei ihm sein könnten. Gott hat dieses große Opfer gebracht und schenkt uns ewiges Leben.

Jesus wurde *„um unserer Rechtfertigung willen aufgeweckt“* (Römer 4, 25). Rechtfertigung heißt, daß Gott den Sünder gerecht spricht. Wir sind nicht wirklich gerecht. Wir werden gerecht *gesprochen.* Diese Rechtsprechung beruht auf der Tatsache, daß Christus für unsere Sünden gestorben ist, nicht darauf, wie sehr wir dieses Geschenk *verdienen.* Ein Geschenk kann nicht verdient werden. Man muß es einfach annehmen. Gott spricht uns gerecht, weil *Christus* für uns gestorben ist.

Daher können wir uns schlafen legen und *wissen,* daß Gott uns annimmt. Gott nimmt uns an, weil wir sein Erlösungswerk annehmen. Wer Christus aufgenommen hat, in dem lebt Gott selbst in der Person des Heiligen Geistes. Deshalb konnte Jesus kurz vor seiner Himmelfahrt zu seinen Jüngern sagen: *„Ich bin bei euch alle Tage“* (Matthäus 28, 20; siehe auch Hebräer 13, 5: *„Ich will dich nicht verlassen und nicht von dir weichen“).*

Der Apostel Paulus war sich sicher, daß er ewig bei Gott sein würde, was auch immer geschehen möge. Auch wir können uns im Leben und Sterben auf diese Verheißung berufen: *„Denn ich bin gewiß, daß weder Tod noch Leben, weder Engel noch Mächte noch Gewalten, weder Gegenwärtiges noch Zukünftiges, weder Hohes noch Tiefes noch irgendein anderes Geschöpf uns scheiden kann von der Liebe Gottes, die in Christus Jesus ist, unserm Herrn“* (Römer 8, 38.39).

Das ewige Leben ist also nicht nur ein Versprechen für die Zukunft. Jeder Gläubige steht schon jetzt mitten darin. *„Wer an den Sohn glaubt, der hat das ewige Leben“* (Johannes 3, 36).

Ein neuer Leib

Wir Christen können auch gewiß sein, daß unser irdischer Körper eines Tages durch die Kraft Gottes umgewandelt wird in einen vollkommenen unvergänglichen Leib, der niemals krank wird, keine Schmerzen leidet und unsterblich ist. Die Verheerungen der Krebsgeschwüre und ihre Behandlung hinterlassen oft tiefgreifende und entstellende Veränderungen an unserem Körper. Den Gläubigen gilt die wunderbare Verheißung, daß dieser Zustand nicht ewig dauert. Wir wissen nicht, wie Gott dieses große Wunder zuwege bringt, aber die Bibel versichert uns, daß es geschehen wird. *„Wir erwarten den Heiland, den Herrn Jesus Christus, der unsern nichtigen Leib verwandeln wird, daß er seinem verherrlichten Leibe gleich wird . . .* " (Philipper 3, 20.21).

Die herrliche Hoffnung

Wir Christen haben jedoch noch eine andere Verheißung erhalten, die besonders für jene von Bedeutung ist, die große Not leiden. Die Bibel lehrt nämlich, daß nicht alle Christen eines natürlichen Todes sterben. Diejenigen, die am Leben sind, wenn der Herr wiederkommt, werden in seine Gegenwart entrückt, ohne vorher zu sterben. Dieses Ereignis nennen wir „die Entrückung". Die Christen haben von jeher gehofft, daß gerade ihre Generation die Wiederkunft des Herrn erleben würde. Doch erst in den letzten Jahren sind bestimmte Voraussagen der Bibel erfüllt worden, die die Voraussetzung für die Entrückung sind, welche jederzeit geschehen könnte.

In 1. Korinther 15, 51.52 erklärt Paulus die Entrückung: *„Wir werden nicht alle entschlafen, wir werden aber alle verwandelt werden; und das plötzlich, in einem Augenblick, zur Zeit der letzten Posaune. Denn die Posaune wird erschallen, und die Toten werden auferstehen unverweslich, und wir werden verwandelt werden."*

Paulus sagt uns hier, daß die Gläubigen, die bereits gestorben sind, bei der Wiederkunft des Herrn auferweckt werden. Ihre Körper werden eine übernatürliche Verwandlung erfahren, die sie für den Himmel bereit macht. Jene aber, die zu der Zeit am Leben sind, werden den Tod nicht erleiden. Ihre Körper werden auf der Stelle in vollkommene unvergängliche Leiber verwandelt werden.

„Danach werden wir, die wir noch am Leben sind, zugleich mit ihnen auf den Wolken in die Luft entrückt werden,

dem Herrn entgegen; und so werden wir beim Herrn sein für alle Zeit. So tröstet einander mit diesen Worten" (1. Thessalonicher 4, 17.18). Das ist in der Tat eine herrliche Hoffnung.

Der Augenblick des Todes

Wenn wir uns auch unseres ewigen Lebens mit Christus gewiß sind und hoffen können, daß die Entrückung bald eintritt, ist es dennoch möglich, daß wir den Augenblick des Todes erleben müssen. Davor haben viele Angst.

Die meisten Menschen haben wenig Erfahrung mit dem Tod, weil man heute in der Regel nicht mehr im Kreis der Familie stirbt. Die Sterbenden werden ins Krankenhaus gebracht, wo die Familie durch das Krankenhauspersonal und die vertraute Umgebung durch sterile Einrichtungsgegenstände und Instrumente ersetzt wird. Vielleicht ist das ein Fortschritt. Aber ich frage mich, ob wir damit nicht den Tod ablehnen und ihn verdrängen.

Der Augenblick des Todes kann ruhig und friedvoll verlaufen, aber oft ist das nicht der Fall. Wir haben so viele Hollywood-Tode gesehen, daß wir von dem Sterbenden bedeutungsvolle „letzte Worte" erwarten. Statt dessen erleben wir unter Umständen einen erschütternden Kampf ums Leben. Selbst für einen gläubigen Christen ist der Augenblick des Todes oft ein letzter Kampf mit dem Feind. In der Regel kommt der Tod jedoch ruhig.

Albert Barnes, ein beliebter Pastor und Schriftsteller des letzten Jahrhunderts, schreibt über Psalm 23, 4: *„Und ob ich schon wanderte im finstern Tal, fürchte ich kein Unglück; denn du bist bei mir, dein Stecken und Stab trösten mich."*

„Der Gläubige hat nichts zu fürchten in den düstersten Zeiten des Lebens. Er hat nichts zu fürchten im Tal des Todes. Er hat nichts zu fürchten im Grab. Er hat nichts zu fürchten in der jenseitigen Welt. Denn *du* bist bei mir. Du willst bei mir sein. Obgleich ich dich nicht sehen kann, willst du mir beistehen. Ich werde nicht allein gehen. Ich werde nicht allein sein. Der Psalmsänger war ganz gewiß, daß er dort nichts zu fürchten hätte, wenn Gott bei ihm sein würde. Gott würde sein Begleiter, sein Führer sein.

Wie gut kann man diese Erkenntnisse auf den Tod anwenden! Der Sterbende *scheint* allein in dieses Tal zu gehen. Seine Freunde begleiten ihn, soweit sie können. Dann müssen sie ihm die Hand zum Abschied reichen. Sie ermuntern ihn mit ihrer Stimme, bis der Sterbende keine Geräusche mehr vernehmen kann. Sie ermutigen ihn mit ihren Blicken, bis seine Augen trüb werden und er nichts mehr sehen kann. Sie trösten ihn mit zärtlicher Umarmung, bis er empfindungslos wird für jeden Ausdruck irdischer Zuneigung. Nun scheint er ganz allein zu sein.

Aber der sterbende Christ ist nicht allein. Sein Erlöser ist bei ihm in jenem Tal und wird ihn nie verlassen. An Christi starken Arm kann er sich anlehnen. Durch seine Gegenwart wird er getröstet, bis er aus dem düsteren Todestal in die helle Ewigkeit gelangt. Um die Schrecken des Todestals zu zerstreuen, muß man nur sagen können: ‚Du bist bei mir.'"

Weil der Heilige Geist des lebendigen Gottes in jedem Gläubigen wohnt, darf ein Christ wissen, daß er nie allein sein wird. Der Herr des Universums wird in jedem Augenblick, bei jedem Schritt, den er tut, mit ihm sein. Vor dem Tod, während des Todes, nach dem Tod — der *Herr* wird immer da sein.

Himmel

Was erwartet den Gläubigen jenseits des Grabes? Ein realer Ort. Kein Gebilde unserer Phantasie, kein Traum, kein von unseren primitiveren Vorfahren überliefertes Märchen.

Joseph Bayly, der drei seiner Söhne hat sterben sehen, schreibt über den Himmel:

„Ich kann nicht beweisen, daß es den Himmel gibt. Ich nehme seine Wirklichkeit im Glauben an, auf Grund von Jesu Aussage: *‚Im Hause meines Vaters sind viele Wohnungen – wenn's nicht so wäre, hätte ich's euch gesagt –, denn ich gehe ja hin, um die Stätte für euch bereitzumachen'* (Johannes 14, 2). Angenommen, ich wäre ein Zwilling im Mutterleib: Ich bezweifle, ob ich meinem Mitzwilling die Existenz der Erde beweisen könnte. Er würde wahrscheinlich einwenden, daß die Vorstellung einer Welt jenseits des Mutterleibes lächerlich sei, daß der Mutterleib die einzige Welt sei, die es gibt.

Würde ich nun versuchen, ihm zu erklären, daß die Erdenbürger in einem viel größeren Raum leben, daß sie Luft atmen — er wäre wohl nur noch skeptischer. Ein Fötus lebt schließlich im Wasser. Ist es vorstellbar, daß er außerhalb des Wassers existieren und Luft atmen kann? Ein solcher Übergang würde ihm unmöglich erscheinen.

Erst seine Geburt würde dem Fötus die Existenz der Erde beweisen. Ein kleiner Schmerz, ein dunkler Gang, ein Schnappen nach Luft — und dann die weite Welt! Grünes Gras, Seen, Meere, Pferde (könnte ein Fötus sich ein Pferd vorstellen?), Regenbogen, Gehen, Rennen, Surfen, Eislaufen. Genügend Platz, daß man sich nicht drängen muß, und ein ganzes Universum dahinter."

Wie der Fötus können auch wir uns nicht vorstellen, wie es auf der anderen Seite des dunklen Gangs aussehen mag — im Himmel.

Aber aus Gottes Wort können wir so viel erfahren: Wir werden nicht verdammt (Johannes 5, 24). Der Himmel ist ein Ort der Ruhe (Offenbarung 14, 13). Im Himmel wird es keine Schmerzen, kein Weinen und kein Trauern geben (Offenbarung 21, 4). In der Gegenwart des Herrn wird vollkommene Freude sein (Apostelgeschichte 2, 28). Obwohl unser Körper umgewandelt wird, werden wir unsere Lieben erkennen (Matthäus 17, 3.4; Petrus erkannte Mose und Elia). Der Himmel wird herrlicher sein, als wir uns je vorstellen können (Offenbarung 21, 23). Wir werden uns dort wohlfühlen, denn es wird unsere Heimat sein (Johannes 14, 2).

Dort werden auch wir uns treffen!

Anhang

Verschiedene Krebsarten

Gründliche Informationen tragen dazu bei, daß der Patient seine Krankheit besser bewältigt.

Krebs wird auf Grund von zwei Faktoren eingeordnet: die Beschaffenheit des Gewebes und die Art der Zellen. Beim Menschen hat man mehr als hundertfünfzig Krebsarten entdeckt. In der Regel wird der Krebs nach dem Körperteil bezeichnet, an dem der Tumor zuerst wächst. Bösartige Geschwülste werden in *Karzinome* und *Sarkome* eingeteilt. Ein Karzinom ist ein Krebs des Epithelgewebes. Das ist das Oberflächen- oder Deckzellengewebe, das die äußerste Hautschicht bildet. Es befindet sich überall dort, wo Häute und Schleimhäute vorhanden sind, also in der Außenhaut des Körpers und in der Oberflächenhaut im Innern des Körpers (Magen-Darm-Kanal, Leber, Bauchspeicheldrüse, Prostata, Schilddrüse).

Das Sarkom geht vom Stütz- und Bindegewebe aus (Muskeln, Knorpel, Knochen). Leukämien und Lymphome sind Krebsarten, die entweder im Knochenmark (Leukämie) oder in den Lymphknoten (Lymphom) entstehen.

Wenn ein Mensch an Krebs stirbt, ist der bösartige Tumor in der Regel nicht die unmittelbare Todesursache. Darmverschluß, Nierenversagen, Durchbruch eines Magengeschwürs in die freie Bauchhöhle, Blutungen und Infektionen sind nur einige Komplikationen, die den Tod des Kranken verursachen.

Viele der folgenden Informationen stammen aus den Unterlagen des öffentlichen Gesundheitsdienstes (Public Health Service):

Hautkrebs

Die häufigste Form dieser Krankheit ist oberflächlicher Hautkrebs, der auch am einfachsten zu heilen ist. Er wird, da er leicht zu sehen ist, in der Regel frühzeitig entdeckt. Die zwei Arten von oberflächem Hautkrebs sind:

1. *Basaliom* (von Basalzellen ausgehender Hautkrebs): Von allen Krebsarten hat dieser die besten Heilungsaussichten. 98 Prozent der Patienten gelten als geheilt, wenn der Krebs innerhalb von fünf Jahren nicht wieder ausbricht.

2. *Spinaliom* (von den Stachelzellen ausgehender Krebs): Diese Krebsart ist gefährlicher als das Basaliom, weil sich leichter Metastasen bilden.

Übermäßige Sonnenbestrahlung ist die Hauptursache von Hautkrebs.

Ein *malignes Melanom* ist genaugenommen kein Hautkrebs, weil die Geschwulst auch unter die Haut, oft tief in den Körper hinein reicht. Sie ist gefährlicher als der normale Hautkrebs. Es erscheint in der Regel als ein kleines Gewächs, das wie ein Muttermal oder Leberfleck aussieht und sich vergrößert.

Mykosis fungoides kann auch Lymphknoten und andere innere Organe befallen. Es tritt zuerst auf der Haut auf und erscheint als rötliches rundes Gewächs.

Dickdarm-Mastdarmkrebs

In Amerika wird jährlich von fünfundsiebzigtausend neuen Fällen dieser Krebsart berichtet.

Die chirurgische Behandlung umfaßt die Entfernung des Darms, in dem sich der Tumor befindet und des angrenzenden Gewebes, sowie der Lymphknoten in diesem Bereich. Wenn eine Operation des Mastdarms notwendig ist, kann eine zeitweilige oder dauerhafte Öffnung der Bauchdecke einen künstlichen Darmausgang darstellen (mit einer äußeren Dickdarmfistel). Man nennt diesen Eingriff eine Kolostomie. Hat der Patient sich einmal an den künstlichen Darmausgang gewöhnt, kann er ansonsten ein normales und aktives Leben führen.

Die Ursache dieser Krebsart ist unbekannt. Doch viele Wissenschaftler nehmen an, daß vielleicht auch unsere Ernährung zur Entstehung von Darmkrebs beitragen kann (zu viel Fleisch, nicht genügend Ballaststoffe, zu viele chemische Substanzen zur Haltbarmachung von Lebensmitteln).

Brustkrebs

Jedes Jahr werden in Amerika mehr als neunundachtzigtausend neue Fälle von Brustkrebs festgestellt. Gelegentlich erkranken auch Männer an Brustkrebs, Kinder nur selten.

Die meisten Knoten in der Brust werden von den Patienten selbst entdeckt. Die Mehrzahl dieser Geschwülste ist gutartig. Früherkennung ist wichtig, um zu verhindern, daß der Krebs sich auf andere Körperstellen ausbreitet.

Brustkrebs muß in den meisten Fällen operiert werden. Manchmal wird zusätzlich mit Medikamenten und Bestrahlung behandelt.

Es gibt verschiedene chirurgische Eingriffe zur Beseitigung von Brustkrebs. Folgende Operationen sind am häufigsten:

1. Ausgedehnte radikale Mastektomie: Entfernung der Brust, darunter befindlicher Brustmuskeln, des Brustlymphgangs und der Lymphknoten in der Achselhöhle.

2. Modifizierte radikale Mastektomie: Entfernung der Brust sowie der Lymphknoten in der Achselhöhle.

3. Einfache Mastektomie: Nur die Brustdrüse wird entfernt, nicht aber Brustmuskeln und Lymphknoten.

4. Kleinerer chirurgischer Eingriff: Entfernung des Tumors mit angrenzendem gesundem Gewebe. Dieses Verfahren ist umstritten und hat sich bis jetzt noch nicht als genügend wirksam erwiesen, um die Krankheit aufzuhalten. Die meisten Ärzte empfehlen die radikale oder die modifizierte radikale Mastektomie. Sehr oft müssen auch die Eierstöcke der Patientin entfernt werden, da man annimmt, daß manche Arten von Brustkrebs von weiblichen Hormonen gefördert werden.

Leukämie

Leukämie ist Krebs des blutbildenden Gewebes. Sie ist nicht auf einen bestimmten Tumor beschränkt. Der Körper produziert zu viele weiße Blutkörperchen, die normalerweise dazu dienen, Infektionen zu verhindern. Doch die bei Leukämie auftretenden Blutkörperchen sind unreife Zellen und besitzen diese Fähigkeit nicht. Diese abnormen Zellen dringen in alle Organe des Körpers ein.

Die akute lymphatische Leukämie der Kinder wird erfolgreicher als andere Arten behandelt, besonders bei jüngeren Schulkindern.

Vielversprechende Forschungen werden getrieben, um die Behandlung dieser Krankheit zu verbessern. Es gibt neue Medikamente, die einen Zustand der Remission herbeiführen; während dieser Zeit kann das Knochenmark wieder normal funktionieren, und die Symptome der Krankheit gehen zurück. Auch Knochenmarktransplantationen werden mit einigem Erfolg durchgeführt, obwohl sich dieses Verfahren noch im Versuchsstadium befindet und es noch viele ungelöste Fragen gibt.

Bei über 90 Prozent aller Kinder, die an akuter lymphatischer Leukämie erkrankt sind, tritt eine Remission ein. Der Patient wird dann mit Medikamenten behandelt, um diesen Zustand beizubehalten. Diese Therapie wird in der Regel drei bis fünf Jahre durchgehalten. Bei einem Rückfall wird wieder versucht, eine Remission herbeizuführen. Das wird jedoch mit jedem Mal schwieriger.

Remission ist eingetreten, wenn der Patient keine Krankheitssymptome aufweist und in Blut- und Knochenmarktests keine leukämischen Zellen nachgewiesen werden. Remission ist jedoch nicht gleichbedeutend mit Heilung. Es kann jederzeit ein Rückfall auftreten, da eine bestimmte Anzahl von leukämischen Zellen vorhanden sind, auch wenn sie nicht nachgewiesen werden können. Die Remission dauert heute jedoch etliche Jahre. In dieser Zeit können die Patienten auf die Entdeckung eines endgültigen Heilmittels hoffen.

Die Kinder, die sich in einem Zustand der Remission befinden, können weithin ein normales Leben führen. Sie sehen gesund aus, fühlen sich wohl und gehen zur Schule.

Bei der *chronisch myeloischen Leukämie* besteht eine Überproduktion aller Arten von Knochenmarkzellen. Sie kann über Jahre hinaus unter Kontrolle gehalten werden.

Die *chronisch lymphatische Leukämie* kann zwanzig Jahre oder länger dauern.

Leukämie wird mit Bestrahlung, radioaktivem Phosphorus und anderen Medikamenten behandelt. Manchmal werden Bluttransfusionen, Blutplättchenübertragungen und Antibiotika verordnet.

Die *Hodgkinsche Krankheit* (Lymphogranulomatose) und Lymphoma sind Wucherungen des Lymphsystems und mit der Leukämie verwandt.

Das *multiple Plasmozytom* ist eine vom Knochenmark ausgehende Geschwulst, die von einer starken Wucherung der Plasmazellen gekennzeichnet ist. Es entstehen Knochen- und Gewebetumore.

An Krebs sterben mehr Kinder unter fünfzehn Jahren als an jeder anderen Krankheit. Über die Hälfte dieser Kinder sind Opfer der Leukämie. Krebs steht als Todesursache bei Kindern an zweiter Stelle nach Unfällen.

Prostata-Krebs

Männer unter vierzig Jahren erkranken nur selten an Vorsteherdrüsenkrebs. Aber bei Männern über fünfundfünfzig ist das Prostatakarzinom unter allen Krebsarten die dritthäufigste Todesursache.

Die Prostata ist eine Drüse im männlichen Genitalsystem. Sie befindet sich direkt unterhalb der Blase. Die Krankheitssymptome sind Blasenentleerungsstörungen beim Wasserlassen, häufiger, schmerzhafter Harndrang und bisweilen Harnträufeln. Ist nur die Prostata vom Krebs betroffen, wird sie entfernt. Die Überlebenschancen sind in diesem Fall sehr groß. Wenn es Anzeichen dafür gibt, daß sich der Krebs ausgebreitet hat, ist häufig eine operative Entfernung des Hodengewebes (Orchitomie) sowie eine Hormonbehandlung erforderlich.

Lungenkrebs

Lungenkrebs ist von allen Krebsarten die führende Todesursache bei Männern.

Wissenschaftler nehmen an, daß diese Krebsart größtenteils vermeidbar ist, und nennen Zigarettenrauchen als Hauptursache von Lungenkrebs.

Früher trat diese Krebsart bei Frauen nur selten auf. Doch seit 1930 ist die Todesrate von Lungenkrebs bei Frauen um 400

Prozent gestiegen. Der Grund dafür ist, daß Mädchen in einem immer jüngeren Alter anfangen zu rauchen, und Frauen im Gegensatz zu früher heute in einem geradezu erschreckenden Maße sich das Rauchen angewöhnt haben.

Bei zwei Drittel der Menschen, die an Lungenkrebs operiert werden, hat sich bereits an einer anderen Körperstelle eine Tochtergeschwulst gebildet. Deshalb ist die Überlebenschance nicht so gut, als wenn man die Krankheit früher entdeckt hätte.

Knochenkrebs

Diese Krankheit kommt am häufigsten bei Kindern und jungen Erwachsenen zwischen zehn und zwanzig Jahren vor. Die Diagnose erfolgt in der Regel durch Biopsie, Röntgenstrahlen und Isotopentests.

Knochenkrebs entsteht im Skelettgewebe. Sehr oft werden im Knochen Metastasen von anderen Krebsarten gebildet (in der Regel von Brust-, Nieren-, Schilddrüsen- oder Prostatakrebs).

Mundkrebs

Mundkrebs entsteht am häufigsten an der Lippe, dann an Wange und Zunge. Andere häufige Ausbruchstellen sind Zungengrund, Zahnfleisch, Gaumen, Mandeln, Unterkiefer und Speicheldrüsen.

Das häufigste Symptom ist eine Entzündung, die nicht heilt. Mundkrebs wird mit Operation und Bestrahlung behandelt. Bei durch Operation entstandenen Verunstaltungen können die gut entwickelten Verfahren der Wiederaufbau- und plastischen Chirurgie eingesetzt werden.

Ursachen für Mundkrebs sind Zigarettenrauchen, starker Konsum von alkoholischen Getränken in Verbindung mit Zigarettenrauchen, Tabak kauen und Schnupfen. Pfeifen und Zigarren richten offenbar noch größere Schäden an. Chronische Reizungen durch zerklüftete Zähne und schlecht sitzende Gebisse können Mundkrebs hervorrufen.

Gebärmutterkrebs

Die ersten sichtbaren Anzeichen für Gebärmutterkrebs sind unregelmäßige Blutungen oder abnormer Ausfluß. Unregelmäßigkeiten im monatlichen Zyklus, starke Menstruationsblutung und die Wiederkehr der Periode nach mehreren Monaten ohne Regelblutung sind weitere Symptome der Krankheit.

Die Behandlung erfolgt durch Bestrahlung oder Operation oder einer Verbindung von beiden. Auch Medikamente, wie künstliche Hormone werden bei der Behandlung von Gebärmutterkrebs im fortgeschrittenen Stadium eingesetzt. Die Operation entfernt das vom Krebs befallene Gewebe oder die ganze Gebärmutter. Wo es nicht möglich ist, die Geschwulst vollständig zu entfernen, kann eine Operation doch der Patientin ihr Los erleichtern und ihr Leben verlängern.

Magenkrebs

Diese Krebsart ist zwar am Abklingen, kommt aber noch immer verhältnismäßig häufig vor. Die Ursache dieser Krankheit ist noch unbekannt, doch man nimmt an, daß unsere Ernährungsweise zumindest das Entstehen von Magenkrebs fördert. In Ländern, in denen viel Fisch gegessen wird, wie in Japan und Island, kommt Magenkrebs viel häufiger vor als anderswo.

Kehlkopfkrebs

Die Überlebenschancen bei Kehlkopfkrebs hängen fast vollständig davon ab, wie früh die Krankheit erkannt und wann die Behandlung begonnen wird. Der Kehlkopf ist einer Behandlung zugänglicher als manche andere Organe. Die Symptome (in der Regel Heiserkeit) erscheinen frühzeitig, während der Tumor noch klein ist und sich noch keine Metastasen gebildet haben. Wird die Krankheit so früh erkannt, daß nur ein Stimmband betroffen ist, besteht eine gute Chance, den Kehlkopf zu erhalten.

Operative Entfernung des Kehlkopfes ist nötig, wenn Metastasen an anderen Stellen des Kehlkopfes und der Luftröhre auftreten. Für Menschen, denen der Kehlkopf entfernt wurde, gibt es Rehabilitationsprogramme, damit sie die Oesophapussprache lernen können. Bei dieser Sprechart wird die Luft aus der Speiseröhre ausgestoßen. Mit Hilfe der Oesophapussprache können die meisten Kehlkopfoperierten wieder in ihren Beruf zurückkehren und ein normales Leben führen.

Dies sollte nur ein kurzer Überblick über die verschiedenen Krebsarten sein. Weitere Informationen erhalten Sie bei den beiden großen Krebshilfeorganisationen der Bundesrepublik:

1. Deutsche Krebsgesellschaft. Die Geschäftsstelle befindet sich in 4300 Essen 1, Hufelandstraße 55. In allen Bundesländern unterhält die deutsche Krebsgesellschaft als eingetragene Vereine geführte Landesverbände.

2. Deutsche Krebshilfe e. V. Die Geschäftsstelle befindet sich in 5300 Bonn 1, Thomas-Mann-Straße 40, Ruf: (02 28) 65 70 81. Bei der Deutschen Krebshilfe erhält man auf Anforderung ein Verzeichnis aller in der Bundesrepublik bestehenden Krebshilfestellen und Selbsthilfegruppen, daneben natürlich zahlreiche Informationsunterlagen.